B1

Dagmar Giersberg

MENSCHEN

Deutsch als Fremdsprache
Testtrainer

Kopiervorlagen

Hueber Verlag

Tonaufnahme
Tonstudio Langer, 85375 Neufahrn; Sprecherinnen und Sprecher: Stefanie Dischinger, Kathi Gaube,
Anke Kortemeier, Patrick Roche, Walter von Hauff

Cover: @ Getty Images/Andreas Pollok
Bildredaktion: Iciar Caso, Hueber Verlag, München

4.	3.	2.		Die letzten Ziffern
2021	20	19	18	17	bezeichnen Zahl und Jahr des Druckes.

Alle Drucke dieser Auflage können, da unverändert,
nebeneinander benutzt werden.
1. Auflage
© 2017 Hueber Verlag GmbH & Co. KG, München, Deutschland
Umschlaggestaltung: Sieveking · Agentur für Kommunikation, München
Layout und Satz: Sieveking · Agentur für Kommunikation, München
Illustrationen: Michael Mantel, Barum
Verlagsredaktion: Dr. Isabel Buchwald-Wargenau, Leipzig; Ingo Heyse,
Hueber Verlag, München
Druck und Bindung: Kessler Druck + Medien GmbH & Co. KG, Bobingen
Printed in Germany
ISBN 978–3–19–131903–8

Art. 530_19475_001_02

INHALT

Piktogramme und Symbole

Hörtext auf CD ▶ 02

TEST 1 – Wörter und Strukturen

Name: _____

WÖRTER

1 **Ergänzen Sie.**

a Ich mag es nicht, wenn Menschen e _r_ _n_ _s_ _t_ sind und wenig lachen.
Mir ist H _ _ _ _ _ sehr wichtig.

b Besonders wichtig ist für mich, dass meine Freunde k _ _ _ sind und ich von ihnen lernen kann.

c Ich bin ziemlich o _ _ _ _ _ _ _ _ _. Mein Schreibtisch ist immer aufgeräumt.

d Meine Freundin macht gern Geschenke. Sie ist sehr g _ _ _ _ _ _ _ _ _.

e Ich bin im Moment s _ _ _ _ _ _. Finanziell ist es bei uns gerade etwas schwierig.

f Mein Mann ist eigentlich ziemlich n _ _ _ _ _ _.
Aber nach dem Yoga ist er immer ganz ruhig.

_____ / 6 Punkte

WÖRTER

2 **Eine Reise nach Indien. Ordnen Sie zu.**

~~Abenteuer~~ | Entscheidung | Nachhilfe | Mut | realistisch | Respekt

Ich reise im nächsten Jahr nach Indien und möchte dort viele _Abenteuer_ (a) erleben.
Meine Eltern sagen, dass es nicht vernünftig ist, wenn ich allein reise. Sie glauben,
dass man dafür viel _____ (b) braucht. Ich denke, ich bin mutig genug.
Aber ich bin auch _____ (c): Wenn ich allein reise, brauche ich vorher
_____ (d) in Englisch. Mein Englisch ist wirklich nicht sehr gut.
Meine Freunde haben übrigens großen _____ (e) vor meiner
_____ (f). Sie finden meine Pläne toll und unterstützen mich.

_____ / 5 Punkte

STRUKTUREN

3 **Ergänzen Sie die Nomen in der richtigen Form.**

a ■ Simon hat einen Studienplatz an einer sehr guten Universität bekommen.
▲ Der _Glückliche_ (glücklich)! Er ist aber auch wirklich ein _____ (klug)!

b ■ Nina ist Schriftstellerin. Sie hat sehr viel Humor, aber sie ist auch kritisch und frech!
▲ Ja, so sind sie, die _____ (kreativ)!

c ■ Wenn ich jetzt nicht ins Bett gehe, schlafe ich hier vor dem Fernseher ein.
▲ Musst du eigentlich immer der _____ (vernünftig) sein?

d ■ Ich bin ein großzügiger Mensch. Mit _____ (sparsam), die auf jeden Cent aufpassen, habe ich echt ein Problem.
▲ Warum? Man kann doch nicht immer nur großzügig sein!

_____ / 4 Punkte

STRUKTUREN

4 **Ergänzen Sie die Endung, wo nötig.**

Ich habe einen neuen Nachbar_n_ (a). Er ist der Freund von einem Kollege___ (b) und ein
sehr netter Mensch___ (c). In unserem Haus wohnen auch noch zwei Student___ (d) mit
einem älteren Herr___ (e) zusammen. Wir unterstützen uns alle.

_____ / 4 Punkte

_____ / 19 Punkte

☺	😐	☹
15–19 Punkte	11–14 Punkte	0–10 Punkte

Menschen B1, Testtrainer 978-3-19-131903-8 © Hueber Verlag; Kopiervorlage

TEST 2 – Hören, Lesen, Schreiben, Sprechen

Name: _____

▶ 01–04 **1** **Was ist richtig? Kreuzen Sie an. Hören Sie jedes Gespräch zweimal.**

HÖREN

Gespräch 1
1 Die Frau findet ihre Freundin Anja lustig und mutig.   ⊗ richtig   ◯ falsch
2 Die Frauen kennen sich   a ◯ schon lange.   b ⊗ seit ca. zwei Jahren.
  c ◯ zwei Wochen.

Gespräch 2
3 Der Mann hat ganz viele Freunde.   ◯ richtig   ◯ falsch
4 Er hätte gern, dass seine Freunde   a ◯ intelligent   b ◯ perfekt
  c ◯ kritisch   sind.

Gespräch 3
5 Die Frau findet ein Leben ohne Freunde nicht schön.   ◯ richtig   ◯ falsch
6 Ihr ist wichtig, dass ihre Freunde   a ◯ interessante Berufe haben.
  b ◯ kluge Entscheidungen treffen.   c ◯ lustig sind.

Gespräch 4
7 Die Frau möchte sich Geld leihen.   ◯ richtig   ◯ falsch
8 Sie findet es toll, wenn Menschen   a ◯ Zeit für sich selbst haben.
  b ◯ Respekt haben.   c ◯ für andere da sind.   _____ / 6 PUNKTE

2 **Lesen Sie die Meinungen. Zu wem passen die Sätze?**

LESEN

> ### Beste Freunde: Was ist Ihnen wichtig?
>
> **Marion Funke** (45): Meinen besten Freund habe ich vor zwei Jahren im Büro kennengelernt. Er ist mein Kollege. Seine Entscheidungen sind immer sehr klug! Und ich mag seinen Humor. Wir lachen sehr viel zusammen. Außerdem kann ich mit ihm über alles sprechen. Er ist sehr aufmerksam und sieht sofort, wenn ich ein Problem habe.
> **Sascha Kunze** (56): Meinen besten Freund kenne ich aus der Schule. Wir haben auch zwanzig Jahr lang zusammen in einem Verein Fußball gespielt. Man kann sich wirklich keinen besseren Freund wünschen. Er ist immer für mich da, wenn ich Hilfe brauche. Niemand ist so großzügig wie er. Und ich habe großen Respekt vor seinem Mut. Ich glaube, er hat vor nichts und niemandem Angst.
> **Helga Meier** (64): Mein bester Freund? Das ist mein Mann. Wir leben seit dreißig Jahren zusammen und haben fast jeden Tag zusammen verbracht. Ich kenne niemanden, der so treu ist. Das ist wichtig für mich. Besonders beeindruckend finde ich seine Lebensfreude. Er ist sehr lebendig und kreativ. Ich genieße jeden Tag, den wir zusammen haben.
> **Melissa Schultz** (33): Mein bester Freund ist mein Hund. Das klingt jetzt vielleicht ein bisschen komisch. Aber so ist es. Er ist perfekt. Er hört mir immer zu und er ist wahnsinnig treu. Wir haben schon viele Abenteuer zusammen erlebt. Okay, manchmal ist er etwas frech. Aber das gefällt mir. Wenn mein Arbeitstag schwierig war, dann freue ich mich besonders auf einen Spaziergang mit ihm. Das ist für mich die beste Entspannung.

1 _Marion_____ : Meinen besten Freund habe ich bei der Arbeit kennengelernt.
2 _____ : Er ist sehr lebensfroh.
3 _____ : Er ist für mich da und unterstützt mich.
4 _____ : Es gefällt mir, wenn er frech ist.
5 _____ : Wir waren lange im gleichen Sportverein.
6 _____ : Er ist der mutigste Mensch, den ich kenne.
7 _____ : Er kennt mich sehr gut und ist klug.
8 _____ : Spazieren gehen mit ihm ist eine gute Erholung.   _____ / 7 PUNKTE

Menschen B1, Testtrainer 978-3-19-131903-8 © Hueber Verlag; Kopiervorlage

SCHREIBEN

3 **Eine E-Mail beantworten. Lesen Sie die Mail und schreiben Sie die Antwort.**

Hallo Tim,

was habe ich da gehört? Du hast dich verliebt? Das muss ja eine klasse Frau sein. Wann und wo habt ihr euch denn kennengelernt? Und was findest du so toll an ihr? Ich bin so neugierig! Wollen wir uns mal wieder treffen?

Viele Grüße
Felix

_____

Lieber Felix,
du bist aber neugierig.
_____
_____
_____
_____
_____

_____ / 6 PUNKTE

SPRECHEN

4 **Ordnen Sie zu. (Nicht alles passt.)**

für mich besonders wichtig |
Besonders großen Respekt |
den ich kenne | drei Jahre lang |
ich kenne niemanden |
keinen besseren | ~~Kennt ihr~~ |
Niemand ist so | vor drei Jahren

Kennt ihr (a) meinen besten Freund? Er heißt Niels. Man kann sich
wirklich _____ (b) Freund wünschen.
Ich bin sehr glücklich, dass er mein Freund ist. Er ist perfekt!
Wir haben uns _____ (c) kennengelernt.
Wir haben damals zusammen studiert. Er ist der aufmerksamste Mensch,
_____ (d). _____ (e)
habe ich vor seiner Lebensfreude. _____ (f)
lebendig und kreativ wie er. Wir lachen viel zusammen.
Humor ist _____ (g).

_____ / 6 PUNKTE

_____ / 25 PUNKTE

☺	😐	☹
20 – 25 Punkte	15 – 19 Punkte	0 – 14 Punkte

Menschen B1, Testtrainer 978-3-19-131903-8 © Hueber Verlag; Kopiervorlage; Ü4 © Thinkstock/iStock/amazingmikael

TEST 1 – Wörter und Strukturen

Name: _____

1 **Was ist richtig? Kreuzen Sie an.**

a Der Auszubildende hat alle Aufgaben zuverlässig ⊗ erledigt.   ○ geduzt.
b Er hat sich das Betriebsklima anders   ○ vorgestellt.   ○ erwartet.
c Er möchte bald mehr Verantwortung   ○ überlegen.   ○ übernehmen.
d Er mag es, dass sich alle Kollegen   ○ entschließen.   ○ duzen.
e Er hat sich schon immer gern mit Kindern   ○ beschäftigt.   ○ geführt.
f Er weiß, dass ein Erzieher mit Lärm   ○ vorstellen   ○ zurechtkommen   muss.

_____ / 5 PUNKTE

2 **Ordnen Sie zu. (Nicht alles passt.)**

brutto | Gehalt | Gelegenheit | gering | Klima | Leiter |
Überstunden | ~~Theorie~~ | sozial

a In der _Theorie_ sehen viele Dinge anders aus als in der Praxis.
b Es ist merkwürdig, dass viele Menschen _____
machen müssen, obwohl es so viele Arbeitslose gibt.
c Der _____ der Firma hat die Verantwortung
für seine Angestellten.
d Kreativ sein macht Spaß. Es ist schön, wenn man
die _____ dazu bekommt.
e Leider ist das _____ in sozialen Berufen oft
nicht sehr hoch.
f Man verdient _____ mehr als netto.

_____ / 5 PUNKTE

3 **Ergänzen Sie die Verben im Präteritum in der richtigen Form.**

erklären | führen | gefallen | gehen | ~~haben~~ | mögen | finden | sein

Nach langer Suche _hatte_ (a) ich endlich Glück: Ich habe einen Ausbildungsplatz
gefunden! Vor einer Woche _____ (b) es los. Der Ausbildungsleiter
heißt Norbert Häuser. Ich habe großen Respekt vor ihm, weil er so viel weiß.
Er _____ (c) mich am ersten Tag durch den ganzen Betrieb.
Jetzt kenne ich alle Abteilungen. Ich habe auch schnell die anderen Kollegen
kennengelernt. Das _____ (d) ich toll! Die Kollegen _____ (e)
von Anfang an sehr nett und aufmerksam. Sie _____ (f) mir geduldig
meine Aufgaben. Der Betrieb _____ (g) mir sofort. Eine Kollegin ist
übrigens besonders sympathisch. Ich _____ (h) sie gleich. Wir gehen
heute Abend ins Kino …

_____ / 7 PUNKTE

_____ / 17 PUNKTE

☺	☺	☹
14 – 17 Punkte	10 – 13 Punkte	0 – 9 Punkte

Name: _____

▶ 05 **1** **Was ist richtig? Kreuzen Sie an. Hören Sie die Nachricht zweimal.**

1 Die Firma Blech gibt es jetzt seit   a ○ 5   b ○ 15   c ⊗ 50   Jahren.
2 Hubert Blech hat die Firma mit seinem   a ○ Sohn   b ○ Bruder
  c ○ Vater   gegründet.
3 Die Firma hat am Anfang   a ○ Waschmaschinen hergestellt.
  b ○ Elektrogeräte erfunden.   c ○ Spülmaschinen verkauft.
4 Siegfried Blech ist der Sohn von Hubert.
  Er ist heute   a ○ Angestellter.   b ○ Chef.   c ○ Abteilungsleiter.
5 In der Firma arbeiten   a ○ 18 Angestellte und Auszubildende.
  b ○ 80 Angestellte und acht Praktikanten.
  c ○ 80 Angestellte und acht Auszubildende.

_____ / 4 PUNKTE

2 **Lesen Sie den Bericht und kreuzen Sie an: richtig oder falsch.**

Mein Schulpraktikum im Krankenhaus
(Daniela, 16 Jahre)

Ich möchte nach der Schule Krankenschwester werden. Deshalb habe ich mein Schulpraktikum in einem Krankenhaus gemacht. Schon der erste Tag war sehr aufregend und hat mir viel Spaß gemacht. Es gab sehr viel Arbeit. Alle hatten Stress, weil so viele neue Patienten da waren. Trotzdem nahm sich der Krankenpfleger, der sich um mich kümmern sollte, viel Zeit. Er zeigte mir alles und erklärte mir, wie der Arbeitstag im Krankenhaus aussieht. Er führte mich durch die Abteilungen und stellte mich den Kollegen und Kolleginnen vor. Alle waren sehr nett. Man unterstützte mich und ich konnte immer Fragen stellen, wenn ich mit einer Aufgabe nicht zurechtkam. Ich habe von meinem Praktikum gar nicht so viel erwartet, aber es gefiel mir dann total gut. Besonders schön war, dass ich in diesen zwei Wochen sehr viel gelernt habe. Ich kenne jetzt die Arbeit, die Krankenschwestern machen, und ich weiß, was man später von mir erwartet. Ich möchte auch meine Ausbildung in diesem Krankenhaus machen. Das kann ich mir sehr gut vorstellen, denn ich fühlte mich dort sofort sehr wohl.

	richtig	falsch
1 Daniela hat ein Praktikum in der Schule gemacht.	○	⊗
2 Sie hat am liebsten mit neuen Patienten gearbeitet.	○	○
3 Die Kollegen haben sich keine Zeit für Daniela genommen.	○	○
4 Leider durfte Daniela keine Fragen stellen.	○	○
5 Sie möchte ihre Ausbildung in diesem Krankenhaus machen.	○	○
6 Sie hat sich im Praktikum sehr wohlgefühlt.	○	○

_____ / 5 PUNKTE

Menschen B1, Testtrainer 978-3-19-131903-8 © Hueber Verlag; Kopiervorlage; 02 © Thinkstock/iStock/Jani Bryson

TEST 2 – Hören, Lesen, Schreiben, Sprechen

SCHREIBEN

3 Mein erster Tag in der neuen Firma.
Schreiben Sie einen Bericht im Präteritum.

zwar anstrengend, aber trotzdem erfolgreich | besonders gut: Betriebsklima |
Chef: sehr angenehm | Kollegen: alle hilfsbereit | nur das Mittagessen: sehr schlecht |
insgesamt erster Tag: sehr gut

Mein Tag in der neuen Firma war _____

_____

_____

_____

_____

_____ / 6 PUNKTE

SPRECHEN

4 Mein Praktikum. Ergänzen Sie.

Der erste Tag im Praktikum ist mir i n s c h l e c h t e r E r i n n e r u n g (a) geblieben.
Die zweite Woche machte mir aber dann doch gr _ _ _ _ _ S _ _ _ _ (b). Zum Glück habe
ich nicht s _ v _ _ _ _ e _ _ _ _ _ _ _ _ _ (c). Das war gut! Nur von den Auszubildenden
war ich e _ _ _ _ _ _ _ _ _ (d). Total langweilig! Aber in _ _ _ _ _ _ _ _ (e) habe
ich mich g _ _ _ _ w _ _ _ gefühlt (f).

_____ / 5 PUNKTE

SPRECHEN

5 Ordnen Sie den Bericht.

○ Anschließend erklärte sie mir meine Aufgaben.
○ Gegen 11.30 Uhr gab es dann eine Teambesprechung.
① Heute war mein erster Arbeitstag. Gleich am Morgen
   zeigte die Sekretärin mir meinen Arbeitsplatz.
○ Erst am frühen Nachmittag kam der Chef zu mir.
○ Abends war ich ziemlich müde. Der erste Tag ist ja
   immer besonders anstrengend.
○ Beim Mittagessen habe ich dann die Kollegen
   kennengelernt.

_____ / 5 PUNKTE

_____ / 25 PUNKTE

☺	☺	☹
20 – 25 Punkte	15 – 19 Punkte	0 – 14 Punkte

Menschen B1, Testtrainer 978-3-19-131903-8 © Hueber Verlag; Kopiervorlage

3

TEST 1 – Wörter und Strukturen

Name: _____

1 Was passt zusammen? Ordnen Sie zu.

a der Wohn   stadt
b die Innen   mangel
c der Haus   ort
d der Wohnungs   block
e der Vor   wohnung
f die Eigentums   meister

_____ / 5 Punkte

2 Was passt nicht? Streichen Sie das falsche Wort durch.

a die Waschmaschine – der Mülleimer – die Klobürste – ~~die Terrasse~~
b die Fläche – die Kosten – die Illustrierte – die Lage
c das Quartier – der Makler – der Vorort – die Innenstadt
d der Ofen – der Bürger – der Einwohner – die Staatsangehörigkeit
e die Hälfte – die Rolle – das Viertel – das Drittel

_____ / 4 Punkte

3 Ergänzen Sie die Relativpronomen im Dativ.

a Hier wohnt der Mann, *dem* ich oft mein Werkzeug leihe.
b Das ist die Frau, _____ die Eigentumswohnung gehört.
c Wie heißt der Hausmeister, _____ wir noch danken müssen?
d Wo wohnen die Kinder, _____ du bei den Hausaufgaben hilfst?
e Das sind die Nachbarn, _____ ich unsere Terrasse gezeigt habe.
f Das ist der Makler, _____ unser Wohnblock so gut gefällt.

_____ / 5 Punkte

4 Was ist richtig? Kreuzen Sie an.

a Das Haus, in ⊗ dem ○ das ○ den ich wohne, hat einen engen Innenhof.
b Die Eigentumswohnung, für ○ der ○ die ○ den ich mich interessiere, liegt mitten in der Innenstadt.
c Wir ziehen nächsten Monat in die Wohnung ein, von ○ denen ○ der ○ die wir schon lange träumen.
d Die Makler, mit ○ denen ○ dem ○ die ich redet habe, sprechen von Wohnungsmangel.
e Der Hausmeister, über ○ dem ○ den ○ die ich mich geärgert habe, hat endlich unsere Badewanne repariert.

_____ / 4 Punkte

_____ / 18 Punkte

☺	☹	☹
15–18 Punkte	11–14 Punkte	0–10 Punkte

Menschen B1, Testtrainer 978-3-19-131903-8 © Hueber Verlag; Kopiervorlage

TEST 2 – Hören, Lesen, Schreiben, Sprechen

Name: _____

HÖREN

▶ 06 **1** **Wer sagt was? Kreuzen Sie an. Hören Sie das Gespräch zweimal.**

	Sarah	Katharina
1 „Das ist ja eine schöne Überraschung."	⊗	◯
2 Ich wohne seit drei Monaten hier.	◯	◯
3 Ich habe nicht immer in der Stadt gewohnt.	◯	◯
4 Ich habe eine Wohnung gekauft.	◯	◯
5 Ich arbeite zu Hause im Arbeitszimmer.	◯	◯
6 „Ich gebe dir meine Handynummer."	◯	◯

_____ / 5 PUNKTE

2 **Lesen Sie die Anzeigen und die Aufgaben 1 bis 7. Welche Anzeige passt zu welcher Situation? Für eine Aufgabe gibt es keine Lösung. Schreiben Sie hier den Buchstaben X.**

LESEN

A **Whg. zu verkaufen**
3 ZKB mit Balkon, Wfl. 90 m²,
zentrale Lage (Innenstadt), ab 1.6. frei
KP: 420.000 €

D **Renovierte helle Eigentumswohnungen**
ruhige Lage im Vorort,
2 bis 4 Zimmer, 50 bis 120 m² mit Balkon

B **Zimmer in 3-er WG (Nichtraucher!) frei**
20 m², ab 1.5., für Studenten, 350 €

E **Wir finden den passenden Mieter für Sie!**
Makler vermittelt Mietwohnungen jeder
Größe – schnell und zuverlässig.

F **4-Zimmerwohnung zu vermieten**
Großzügige Wohnung (130 m²) in ruhigem
Vorort. Einbauküche, 2 Bäder, Terrasse
und kleiner Garten. 1.100 € + 300 € NK
+ 50 € (Garage).

C **1-Zimmer-Apartment gesucht**
Ruhiger Nichtraucher sucht ab Juni für
6 Monate ein möbliertes Apartment in
der Innenstadt, max. 500 € (inkl. NK)

Anzeige

1 Björn und Laura suchen für ihre WG eine neue Mitbewohnerin. Beide   B
rauchen nicht und möchten auch nicht, dass man in ihrer Wohnung raucht.

2 Simon Wollert arbeitet seit vielen Jahren als Makler. Er ist Spezialist   _____
für Wohnungen und sucht immer neue Mietobjekte.

3 Familie Becker zieht im Juni nach Bonn. Die Familie sucht eine Eigentums-   _____
wohnung nicht weit von der Innenstadt.

4 Nina möchte eine Wohnung kaufen. Sie braucht eine 2-Zimmer-Wohnung   _____
mit Balkon oder Terrasse für ihre Pflanzen.

5 Niels studiert im nächsten Semester in Bonn. Er sucht ein Zimmer im   _____
Studentenwohnheim oder in einer WG. Er ist Raucher und spielt E-Gitarre.

6 Familie Kraus wohnt in einer 3-Zimmerwohnung, braucht aber jetzt   _____
ein Zimmer mehr. Die Miete soll insgesamt nicht höher als 1500 Euro sein.

7 Frank Metzger arbeitet ab Juni bis zum Ende des Jahres in Bonn. Er sucht   _____
eine kleine Wohnung, möchte aber dafür keine neuen Möbel kaufen.

_____ / 6 PUNKTE

Menschen B1, Testtrainer 978-3-19-131903-8 © Hueber Verlag; Kopiervorlage

TEST 2 – Hören, Lesen, Schreiben, Sprechen

SCHREIBEN

3 **Lesen Sie die Nachricht und schreiben Sie eine Antwort.**

> Hi, ich suche mal wieder eine Wohnung. Da ist mir eingefallen, dass du ja vor ein paar Monaten umgezogen bist. Du hast mir mal gesagt, dass in deinem Block noch ein paar Wohnungen frei sind. Wo wohnst du denn? Wie sieht der Wohnblock aus? Wohnst du gern da? Wie groß und wie teuer sind die Wohnungen?
> Liebe Grüße!

Block: zwei kleine Wohnungen frei | Block: 8 Stockwerke, je 5 Wohnungen | die meisten: Balkon | angenehm | ruhige, zentrale Lage | 45 m² | 650 € inklusive Nebenkosten | mehr Infos: melden | Grüße

Hi, ja, in meinem Block sind _____

_____

_____

_____

_____

_____

_____ / 7 PUNKTE

SPRECHEN

4 **Was passt zusammen? Ordnen Sie zu.**

a die Hälfte ⟍ 25 Prozent

b ein Viertel etwa

c rund 20 Prozent

d ein Fünftel fast

e zwei Drittel ⟋ 50 Prozent

f knapp 66,6 Prozent

_____ / 5 PUNKTE

SPRECHEN

5 **Ordnen Sie zu. (Nicht alles passt.)**

fast alle | gut die Hälfte | jeder zweite | keiner | knapp drei Viertel | ~~mehr als 70 Prozent~~ | meisten | zwei Drittel

Mehr als 70 Prozent (a) der europäischen Bevölkerung leben in Städten.
In Deutschland sind es 75 Prozent, in Österreich 66 Prozent und in der Schweiz 74 Prozent. Die _____ (b) Wohnhäuser sind Einfamilienhäuser: in Deutschland _____ (c) (66 Prozent), in Österreich _____ _____ (d) (73 Prozent) und in der Schweiz _____ (e) (58 Prozent).

_____ / 4 PUNKTE

☺	☐	☹
22 – 27 Punkte	16 – 21 Punkte	0 – 15 Punkte

_____ / 27 PUNKTE

Menschen B1, Testtrainer 978-3-19-131903-8 © Hueber Verlag; Kopiervorlage; Ü4 © PantherMedia

TEST 1 – Wörter und Strukturen

4

Name: _____

1 Ordnen Sie zu. (Nicht alles passt.)

| Absender | Auskunft | Apparat | Bedienung | Datum | Durchwahl | Taste | ~~Werbung~~ |

a ■ In der *Werbung* habe ich ein tolles Telefon gesehen.
  ▲ Und das hast du selbstverständlich sofort gekauft.
b ■ Wer hat diesen Brief geschrieben?
  ▲ Ich weiß nicht. Ich sehe keinen _____.
c ■ Wann ist die Mail gekommen? Steht da ein _____?
  ▲ Ja, am 4. Mai.
d ■ Ich möchte mit Frau Gruber sprechen.
  ▲ Bitte bleiben Sie einen Moment am _____, ich stelle Sie durch.
e ■ Ich brauche eine _____.
  ▲ Gern, was möchten Sie wissen?

_____ / 4 PUNKTE

2 Was ist richtig? Kreuzen Sie an.

a Ich habe bei einem Verlag eine Zeitschrift ○ aufgefordert. ⊗ abonniert.
b Das Schreiben habe ich auf meinem Computer ○ gespeichert. ○ bedient.
c Ich habe die Zeitschrift gestern ○ erhalten. ○ bereitgehalten.
d Ich bin von der Qualität aber leider ○ enttäuscht. ○ zurückgerufen.
e Ich habe beim Verlag angerufen und man hat mich dort mit der richtigen Abteilung ○ gedrückt. ○ verbunden.

_____ / 4 PUNKTE

3 Ordnen Sie zu.

| obwohl ich die Farbe nicht perfekt finde | ~~obwohl ich alles richtig gemacht habe~~ | obwohl ich genau zugehört habe | obwohl ich gar nicht telefoniere |

a Die Kopie ist ein bisschen blass geworden, *obwohl ich alles richtig gemacht habe.*
b Ich habe die Ansage nicht verstanden, _____.
c Mein Anschluss ist die ganze Zeit besetzt, _____.
d Ich behalte die Turnschuhe, _____.

_____ / 3 PUNKTE

4 Ergänzen Sie die Sätze mit *trotzdem* oder *obwohl*.

a *Obwohl wir die E-Mail schon gestern gesendet haben*, hat Herr Meyer sie noch nicht erhalten. (Wir haben die E-Mail schon gestern gesendet.)
b _____, ist nichts passiert. (Ich habe die Taste gedrückt.)
c Wir haben nicht viel erwartet. _____. (Wir sind enttäuscht.)
d Ich bin sicher, dass ich die Fotos gespeichert habe. _____. (Ich finde sie nicht.)

_____ / 6 PUNKTE

| ☺ | ☺ | ☹ | _____ / 17 PUNKTE |
| 14–17 Punkte | 10–13 Punkte | 0–9 Punkte | |

Menschen B1, Testtrainer 978-3-19-131903-8 © Hueber Verlag; Kopiervorlage

dreizehn | 13 Lektion 4

TEST 2 – Hören, Lesen, Schreiben, Sprechen

Name: _____

▶ 07–11 **1** **Was ist richtig? Kreuzen Sie an. Hören Sie jede Ansage zweimal.**

HÖREN

Ansage 1
1 Die Praxis ist montags nur von 8 bis 12 geöffnet. ○ richtig ⊗ falsch
2 Freitags ist die Praxis a ○ nicht b ⊗ von 8 bis 12 Uhr c ○ von 15 bis 18 Uhr geöffnet.

Ansage 2
3 Es spricht der Anrufbeantworter. ○ richtig ○ falsch
4 Der Friseur macht Urlaub vom a ○ 2. bis 16.10. b ○ 2. bis 16.8. c ○ 2. bis 17.8.

Ansage 3
5 Die Mitarbeiter von Elektro Stuch sind in der Mittagspause. ○ richtig ○ falsch
6 Man soll a ○ kurz warten. b ○ später anrufen. c ○ auflegen.

Ansage 4
7 Die Praxis ist am Freitag nur nachmittags geöffnet. ○ richtig ○ falsch
8 Die Telefonnummer vom Notdienst ist a ○ 160 170. b ○ 116 170. c ○ 116 117.

Ansage 5
9 Man kann im Moment nicht mit dem Kundenservice telefonieren. ○ richtig ○ falsch
10 Man soll a ○ Namen und Telefonnummer sagen. b ○ später anrufen.
c ○ warten.

_____ / 8 PUNKTE

2 **Lesen Sie die Reklamation und ordnen Sie zu.**

LESEN

Übernachtung am 3. Juli   Bonn, den 8. Juli 20..
Sehr geehrte Damen und Herren,
ich habe am 3. Juli eine Nacht in Ihrem Hotel übernachtet und muss Ihnen leider sagen, dass ich mit Ihrem Service nicht zufrieden bin. Als ich am Abend gegen 22 Uhr angekommen bin, gab es kein Nichtraucherzimmer mehr, obwohl ich im Internet extra ein Nichtraucherzimmer reserviert hatte! Ich musste dann in einem Doppelzimmer für Raucher schlafen. Das war sehr unangenehm und ungesund.
Am nächsten Tag haben meine Kleidung und meine Haare nach Zigaretten gerochen. Die Dame an der Rezeption war auch nicht sehr freundlich. Ich musste den vollen Preis für das Zimmer bezahlen. Das finde ich wirklich nicht in Ordnung.

Mit freundlichen Grüßen
M. Blum

a Als Frau Blum ein Zimmer gebucht hat,   dass der Service im Hotel nicht gut war.
b Als sie im Hotel angekommen ist,   dass sie in einem Raucherzimmer schlafen musste.
c Sie findet,   hat sie sich für ein Nichtraucherzimmer entschieden.
d Sie findet es ungesund,   dass das Hotel ihr kein Geld zurückgegeben hat.
e Sie findet es nicht richtig,   gab es kein Nichtraucherzimmer mehr.

_____ / 4 PUNKTE

Menschen B1, Testtrainer 978-3-19-131903-8 © Hueber Verlag; Kopiervorlage

TEST 2 – Hören, Lesen, Schreiben, Sprechen

SCHREIBEN

3 **Lesen Sie den Chat und schreiben Sie eine Reklamation.**

> Boah! Ich ärgere mich total. Ich habe vor zwei Wochen ein neues Smartphone bestellt. Und das Paket ist immer noch nicht da! Warum dauert das so lange??? Leider habe ich schon bezahlt …

> Oh, wie doof. Schreib doch eine Reklamation.

Sehr geehrte Damen und Herren | am 4. Juni online Smartphone bestellt | Homepage: Smartphone schicken, wenn Rechnung bezahlt | sofort online mit Kreditkarte bezahlt, Smartphone noch nicht gekommen | nicht zufrieden mit dem Service | Smartphone in fünf Tagen schicken | sonst: Geld zurücküberweisen | Mit freundlichen Grüßen

Sehr geehrte Damen und Herren,
_____
_____
_____
_____
_____
_____

_____ / 8 Punkte

SPRECHEN

4 **Ordnen Sie zu. (Nicht alles passt.)**

bleiben Sie am Apparat | da sind Sie hier leider falsch | die Kollegin ist außer Haus | Einen Moment bitte | Für Bestellungen | Hören Sie | Ich gebe Ihnen die Durchwahl | Kann ich ihr etwas ausrichten | Sie sind verbunden | wie kann ich Ihnen helfen

■ Guten Tag, _Sie sind verbunden_ (a) mit dem Anrufbeantworter der Firma Lauber. Bitte …
▲ Schon wieder nur der Anrufbeantworter.
■ Firma Lauber, mein Name ist Schulz, _____ (b)?
▲ Oh, schön, dass ich jetzt jemanden persönlich erreiche. Ich heiße Pia Weber und möchte etwas bestellen.
■ _____ (c) muss ich Sie mit einer anderen Abteilung verbinden. _____ (d). Ich stelle Sie durch.
▲ Danke.
■ Frau Weber? Bitte _____ (e). Ich versuche es noch einmal.
▲ Ja, danke.
■ _____ (f), Frau Weber, es tut mir leid, aber _____ (g). Könnten Sie bitte später noch einmal anrufen? _____ (h): Das ist die 756.
▲ Ja, danke.

_____ / 7 Punkte

☺	😐	☹
22 – 27 Punkte	16 – 21 Punkte	0 – 15 Punkte

_____ / 27 Punkte

Menschen B1, Testtrainer 978-3-19-131903-8 © Hueber Verlag: Kopiervorlage

TEST 1 – Wörter und Strukturen

Name: _____

WÖRTER

1 Ergänzen Sie.

a Der M o n i t o r ist schön groß. Damit kann man ja sogar einen Film schauen.
b Ich habe jetzt alle Fotos auf der F _ _ _ _ _ _ _ _ _ _ gespeichert.
c Deine CD mit den Fotos liegt noch im L _ _ _ w _ _ _ _.
d Die T _ _ _ _ _ _ _ _ auf dem Tablet ist sehr klein.
e Hat deine M _ _ _ noch ein Kabel? Das ist aber nicht sehr modern.
f Mir ist es wichtig, immer die neuste T _ _ _ _ _ _ _ zu benutzen. _____ / 5 PUNKTE

2 Wie heißt das Nomen? Ergänzen Sie mit Artikel.

WÖRTER

a versprechen _das_ _Versprechen_
b warnen _____
c sich anstrengen _____
d überzeugen _____
e transportieren _____
f vermuten _____ / 5 PUNKTE

3 Ergänzen Sie _werden_ in der richtigen Form und ordnen Sie das passende Verb zu.

STRUKTUREN

| achten | anstrengen | ausmachen | geben | geben | kommen | machen | liefern | scheinen | sein | ~~senden~~ |

a In Zukunft _werde_ ich weniger Mitteilungen mit dem Smartphone _senden_.
b Du _____ dich jetzt bitte mehr _____! Dann schaffst du das auch.
c Wir schauen nur noch DVDs. In 20 Jahren _____ es vermutlich keine Kinos mehr
_____.
d Wir möchten abnehmen. Ab morgen _____ wir jeden Abend Gymnastik _____.
e Wo bleibt ihr denn? Ihr _____ jetzt sofort nach Hause _____.
f Ich vermute, dass das Klima in 50 Jahren ganz anders _____ als heute.
g Es _____ in Zukunft immer mehr Lieferservices _____.
h Bald muss man die Lebensmittel nicht mehr selbst tragen. Die Supermärkte _____
sie nach Hause _____.
i Heute regnet es, aber morgen _____ wohl die Sonne wieder _____.
j Es ist schon kurz vor zehn! Ihr _____ jetzt sofort den Computer _____!
k Nina will gesünder leben. Sie _____ wohl in Zukunft mehr auf
ihre Ernährung _____. _____ / 10 PUNKTE

_____ / 20 PUNKTE

☺	☹	☹
16 – 20 Punkte	12 – 15 Punkte	0 – 11 Punkte

Menschen B1, Testtrainer 978-3-19-131903-8 © Hueber Verlag; Kopiervorlage

TEST 2 – Hören, Lesen, Schreiben, Sprechen

Name: _____

▶ 12 **1** **Wer sagt was? Kreuzen Sie an. Hören Sie das Interview zweimal.**

HÖREN

	Moderator	Nina Luge	Frank März
1 Das Thema unserer Sendung heute: Roboter.	⊗	○	○
2 Roboter gehören in vielen Ländern schon zum Alltag.	○	○	○
3 Roboter, die staubsaugen, sehen wir jetzt schon oft.	○	○	○
4 Roboter können auch Pakete liefern.	○	○	○
5 In 20 Jahren werden Roboter fast 50 Prozent der Arbeitsplätze ersetzen.	○	○	○
6 Roboter können viele Büroaufgaben übernehmen.	○	○	○
7 Diese Entwicklung macht vielen Menschen Angst.	○	○	○
8 Veränderungen sind nicht nur negativ.	○	○	○

_____ / 7 PUNKTE

2 **Lesen Sie den Blog und die Aufgaben 1 bis 7. Kreuzen Sie an: richtig oder falsch.**

LESEN

> **MANNI BLOGGT** 2.7.20..
>
> *Nicht ohne meinen Roboter!*
>
> Ich habe seit zwei Monaten einen Roboter, der für mich staubsaugt. Das ist super. Okay, ich muss ihn sauber machen, aber das ist nicht so viel Arbeit wie staubsaugen. Ich finde das sehr praktisch: Ich gehe zur Arbeit und der Roboter saugt. Wenn ich nach Hause komme, ist die Wohnung sauber. Perfekt!
> Ich hätte gern noch mehr Roboter im Haus. Ich habe gestern einen Artikel in der Zeitung gelesen und bin ganz begeistert. Was Roboter alles können! Bald werden sie für uns auch Böden wischen und Fenster putzen. Sie werden Pakete zur Post bringen und Wasserkisten tragen, die Spülmaschine einräumen und die Wäsche machen. Was für ein Leben! Wie viel Zeit ich dann sparen kann! Das ist unglaublich.
> Total spannend: Es gibt schon einen Roboter, der kochen kann. Er heißt Moley und kann zum Beispiel Tomaten und Zwiebeln schneiden und Fleisch braten. Er kennt richtig viele Rezepte! Man wird ihn bald kaufen können. Mark Oleynik, der den Kochroboter erfunden hat, glaubt, dass Moley irgendwann automatisch die richtigen Zutaten im Internet bestellen wird!

	richtig	falsch
1 Manni findet, dass Roboter ihm im Alltag helfen.	⊗	○
2 Er hat im Moment einen Roboter und möchte nicht noch mehr haben.	○	○
3 Er hat einen Artikel über Roboter im Internet gelesen.	○	○
4 Der Artikel beschreibt die Aufgaben, die Roboter im Haushalt übernehmen können.	○	○
5 Manni kann kaum glauben, dass Roboter so viel im Haushalt machen können.	○	○
6 Er glaubt, dass man mit Robotern viel Zeit sparen kann.	○	○
7 Der Kochroboter kann jetzt schon im Internet einkaufen.	○	○

_____ / 6 PUNKTE

Menschen B1, Testtrainer 978-3-19-131903-8 © Hueber Verlag; Kopiervorlage; Ü2 © Thinkstock/iStock/MileA

TEST 2 – Hören, Lesen, Schreiben, Sprechen

SCHREIBEN

3 **Lesen Sie die Nachricht und schreiben Sie eine Antwort.**

> Hi, wie geht es Dir und Andrea? Was habt Ihr Silvester gemacht? Wir haben zu Hause gefeiert. Hast Du Vorsätze für das neue Jahr? Ich werde mit dem Rauchen aufhören und weniger essen. Silke und ich werden mehr Sport zusammen machen. Und wir werden den Kindern mehr vorlesen, damit sie weniger fernsehen.

~~geht sehr gut~~ | Silvester: große Party | viele Vorsätze | weniger Alkohol trinken | mehr Salat essen | Andrea und ich: jeden Abend Yoga machen | die ganze Familie: jeden Samstag die Wohnung aufräumen und putzen

> *Hi, danke, uns geht es sehr gut!*
> _____
> _____
> _____
> _____

_____ / 6 PUNKTE

SPRECHEN

4 **Ergänzen Sie die Gespräche.**

Das halte ich für unmöglich |
Dazu gibt es wohl keine Alternative |
Ich glaube, in zehn Jahren wird |
Ich kann mir nicht vorstellen, dass |
~~Ich vermute, dass~~ | Vermutlich werden

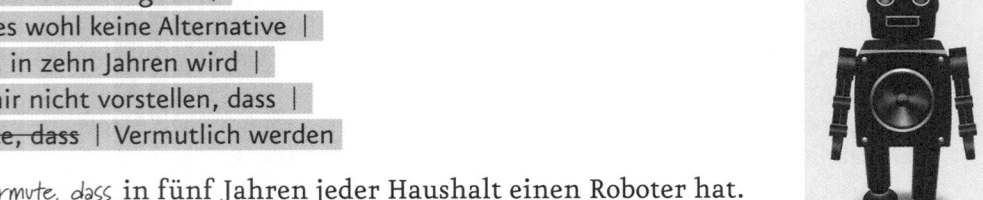

a ■ *Ich vermute, dass* in fünf Jahren jeder Haushalt einen Roboter hat.
  ▲ Oh, nein. _____.
    Das ist doch viel zu teuer!

b ■ _____ jedes Kind ein Smartphone haben.
  ▲ Ja, das denke ich auch. _____.

c ■ _____ in Zukunft die meisten Autos mit Strom fahren.
  ▲ Ich weiß nicht. _____
    es dann nur noch Elektroautos gibt.

_____ / 5 PUNKTE

_____ / 24 PUNKTE

☺	😐	☹
19 – 24 Punkte	14 – 18 Punkte	0 – 13 Punkte

Menschen B1, Testtrainer 978-3-19-131903-8 © Hueber Verlag; Kopiervorlage; Ü4 © Thinkstock/iStockphoto

TEST 1 – Wörter und Strukturen

Name: _____

1 **Wie heißt das Gegenteil? Ergänzen Sie.**

WÖRTER

a wichtig _egal_   d verschieden _____
b waagerecht _____   e innen _____
c sinnvoll _____   f viel Zeit haben _____

_____ / 5 PUNKTE

2 **Was passt zusammen? Ordnen Sie zu.**

WÖRTER

a die Begrüßung   der Nachtisch
b die Vorspeise   die Kommunikation
c der Husten   die Kantine
d die Unterhaltung   der Abschied
e das Restaurant   die Erkältung

_____ / 4 PUNKTE

3 **Ordnen Sie zu und ergänzen Sie die Verben in der richtigen Form. (Nicht alles passt.)**

STRUKTUREN

ablehnen | beachten | geschehen | informieren | riechen | verbringen | verhalten | verlassen

a Es _riecht_ nach Zigaretten. Wer raucht denn hier?
b Wenn ich etwas nicht weiß, _____ ich mich im Internet.
c Mein Mann hat die halbe Nacht draußen _____, weil er seinen Schlüssel vergessen hat.
d Dein Chef _____ sich seltsam. Er lacht so laut. Ist er betrunken?
e Bei einem Vorstellungsgespräch muss man verschiedene Regeln _____.
f Meine Mutter ist immer beleidigt, wenn ich die Nachspeise _____. Aber ich kann einfach nicht so viel essen.

_____ / 5 PUNKTE

4 **Schreiben Sie Sätze mit *falls*.**

STRUKTUREN

a Sagen Sie bitte Bescheid. Ich kann Ihnen irgendwie helfen.
   Sagen Sie bitte Bescheid, falls ich Ihnen irgendwie helfen kann.
b Entschuldigen Sie sich beim Gastgeber. Sie müssen das Fest früher verlassen.

   _____

c Das Wetter wird schön. Wir können am Wochenende Vögel beobachten

   _____

d Ruft die Eltern an. Ihr kommt zu spät.

   _____

e Ihr habt es eilig. Ihr könnt die Nachspeise ablehnen.

   _____

f Ich kann dir einen Wunsch erfüllen. Sag es mir einfach.

   _____

☺	☺	☹
15 – 19 Punkte	11 – 14 Punkte	0 – 10 Punkte

_____ / 5 PUNKTE

_____ / 19 PUNKTE

Menschen B1, Testtrainer 978-3-19-131903-8 © Hueber Verlag; Kopiervorlage

TEST 2 – Hören, Lesen, Schreiben, Sprechen

Name: _____

▶ 13–15 **1** **Was ist richtig? Kreuzen Sie an. Hören Sie jedes Gespräch zweimal.**

	richtig	falsch
Gespräch 1		
1 Das Gespräch findet auf einer Party statt.	○	⊗
2 Der Mann möchte gern Eier im Salat.	○	○
3 Der Mann möchte keine Eier und keine Nüsse essen.	○	○
Gespräch 2		
4 Das Gespräch findet im Restaurant statt.	○	○
5 Frau Lohse bekommt Blumen.	○	○
6 Frau Lohse trinkt heute gern ein Glas Sekt.	○	○
Gespräch 3		
7 Frau Berger mochte das Essen.	○	○
8 Frau Berger möchte in einer Stunde nach Hause fahren.	○	○
9 Herr Schumann und Frau Berger sehen sich am Montag wieder.	○	○

_____ / 8 PUNKTE

2 **Lesen Sie die Einladung. Was ist richtig? Kreuzen Sie an: a, b oder c.**

Modeboutique Schneider – Friedrichstr. 45 – 53111 Bonn – www.schneidermoden.de

Bonn, den 1. Juni 20..

Zwei Jahre Friedrichstraße: Ein guter Grund zum Feiern!

Liebe Kunden und Freunde der Modeboutique Schneider!

Seit 24 Monaten sind wir nun in unseren schönen neuen Geschäftsräumen in der Friedrichstraße. Das möchten wir mit Ihnen und Ihrer Familie bei Sekt oder Wein und einigen kulinarischen Überraschungen am Samstag, den 16. Juni, von 11 bis 16 Uhr feiern. Für gute Unterhaltung und angenehme Musik sorgt das aus dem Radio und Fernsehen bekannte A-cappella-Quartett „Katzenjammer".

Natürlich können Sie auch die neue Sommerkollektion bewundern. Wir haben zahlreiche Angebote exklusiv für Sie! Wir freuen uns auf Ihren Besuch!

Mit herzlichen Grüßen
Ihre Helga Schneider

1 Helga Schneider lädt   a ○ ihre Kollegen   b ⊗ ihre Kunden
  c ○ ihre Familie   ein.
2 Die Modeboutique Schneider feiert, dass sie   a ○ in zwei Jahren umzieht.
  b ○ zwei Jahre in Bonn ist.   c ○ vor zwei Jahren umgezogen ist.
3 Es gibt auf der Feier   a ○ nur Getränke.   b ○ Getränke und Essen.
  c ○ nur Essen.
4 Man kann am Samstag in der Boutique auch   a ○ Musik hören.
  b ○ einen Vortrag hören.   c ○ fernsehen.
5 Es gibt besondere Angebote   a ○ für alle Mitarbeiter.
  b ○ für 24 Monate.   c ○ für die Gäste.

_____ / 4 PUNKTE

Menschen B1, Testtrainer 978-3-19-131903-8 © Hueber Verlag; Kopiervorlage

TEST 2 – Hören, Lesen, Schreiben, Sprechen

SCHREIBEN

3 Schreiben Sie eine Antwort.

Sehr geehrter | Dank für Einladung | sich freuen | gern kommen | Frau mitbringen | nett, dass Sie nach Sonderwünschen fragen | Frau: Vegetarierin | ich: Allergie gegen Weizen | keine Umstände machen | Grüße

Liebe Kolleginnen und Kollegen,

ich bin im Mai seit 40 Jahren in unserer Firma. Das möchte ich mit Ihnen allen feiern. Auch Ihre Partnerin / Ihr Partner ist natürlich herzlich willkommen. Ich feiere am Samstag, den 27. August, ab 18 Uhr bei uns im Garten (Burbacherstraße 35). Bitte sagen Sie mir Bescheid, ob und mit wie vielen Personen Sie kommen. Wenn Sie eine Allergie haben oder bestimmte Lebensmittel nicht essen möchten, können Sie auch gern Bescheid geben. Ich freue mich auf einen schönen Abend mit Ihnen!

Herzliche Grüße, Herbert Geppart

Sehr geehrter Herr Geppart,

_____

_____

_____

_____

_____

_____ / 5 PUNKTE

SPRECHEN

4 Was passt zusammen? Ordnen Sie zu.

a Guten Tag, Frau Schneider. Sehr erfreut.   Gern geschehen.
b Die Blumen sind für Sie.   Schon? Bleiben Sie doch noch.
c Nochmal herzlichen Dank für die Einladung.   Ganz meinerseits.
d Ich muss langsam gehen.   Ja, gern. Hm, das sieht aber lecker aus.
e Darf ich Ihnen ein Stück Kuchen anbieten?   Vielen Dank. Das freut mich sehr.
f Ich habe lange nicht so gut gegessen.   Danke. Das ist aber ein schöner Strauß!

_____ / 5 PUNKTE

SPRECHEN

5 Ordnen Sie zu.

allergisch | eine Allergie | Es tut mir leid | Wenn es keine Umstände macht |
Wenn es Sie nicht stört | wollte eigentlich

a Ich _wollte eigentlich_ einen Salat essen, aber auf der Karte ist kein Salat ohne Fleisch.
b _____. Das kann ich nicht essen. Ich bin _____ gegen Weizen.
c Wir haben einen Hund. Haben Sie _____ gegen Hundehaare?
d _____, würde ich lieber stehen. Ich habe schon
   im Büro den ganzen Tag gesessen.
e _____, hätte ich gern ein Wasser.   _____ / 5 PUNKTE

_____ / 31 PUNKTE

☺	☻	☹
25 – 31 Punkte	19 – 24 Punkte	0 – 18 Punkte

TEST 1 – Wörter und Strukturen

Name: _____

1 **Ergänzen Sie die Nomen mit Artikel.**

WÖRTER

a füttern – <u>das Futter</u>
b entscheiden – ___ _____
c sich bewegen – ___ _____
d beraten – ___ _____
e raten – ___ _____
f unterscheiden – ___ _____
g hinweisen – ___ _____

_____ / 6 PUNKTE

2 **Was passt zusammen? Ordnen Sie zu.**

WÖRTER

a überlegen   frei haben
b nicht nachts   momentan
c nicht arbeiten müssen   nachdenken
d in diesem Moment   etwa
e ohne Witz   tagsüber
f ungefähr   ernsthaft

_____ / 5 PUNKTE

3 **Schreiben Sie Sätze. Verwenden Sie den Infinitiv mit zu.**

STRUKTUREN

a Lust haben – anschaffen – Meine Mutter – sich einen Hund
<u>Meine Mutter hat Lust, sich einen Hund anzuschaffen.</u>
b Sie – mit dem Hund – glauben – viel Spaß haben

_____

c nicht aufhören – von einem Hund – Sie – reden

_____

d Sie – allein sein – es nicht schön finden

_____

e viel Zeit – Sie – mit ihm rausgehen – haben

_____

_____ / 4 PUNKTE

4 **Ordnen Sie zu und ergänzen Sie zu, wo nötig.**

STRUKTUREN

| ausgeben | ~~erziehen~~ | kaufen | nachdenken | rechnen | schwitzen |

a Es ist wichtig, Hunde gut <u>zu erziehen</u>. Sonst können sie für Kinder gefährlich sein.
b Es macht Spaß, Geld _____. Aber nur, wenn man genug hat.
c Ich weiß nicht, ob ich ein Haustier möchte. Darüber muss ich noch _____.
d Ich mag es nicht, wenn es heiß ist. Ich habe keine Lust _____.
e Sie möchten ein ruhiges Tier? Dann empfehle ich Ihnen, einen Fisch _____.
f Mit welchen Kosten muss man _____, wenn man mit einem Hamster
zum Tierarzt geht?

☺	☻	☹	_____ / 5 PUNKTE
16–20 Punkte	12–15 Punkte	0–11 Punkte	_____ / 20 PUNKTE

Menschen B1, Testtrainer 978-3-19-131903-8 © Hueber Verlag; Kopiervorlage

TEST 2 – Hören, Lesen, Schreiben, Sprechen

Name: _____

▶ 16 **1 Was passt? Ordnen Sie zu. Hören Sie das Gespräch zweimal.**

HÖREN

a In der Sendung geht es um — wenn das Tier der ganzen Familie Freude macht.
b Lisa Gierse hat ein Buch — haben aber nicht unbedingt Nachteile.
c Kinder, die für Tiere verant- — haben den Wunsch nach einem Haustier.
   wortlich sind,
d Kinder ohne Haustier — dass Kinder die Tiere anfassen können.
e Fast alle Kinder — das Thema „Haustiere und Kinder".
f Wichtig ist, — lernen viel.
g Es wäre gut, — zu diesem Thema geschrieben.   _____ / 6 PUNKTE

2 Lesen Sie die E-Mail. Was ist richtig? Kreuzen Sie an.

LESEN

Lieber Oliver,

ich war gestern in dem neuen Kaufhaus am Ebertplatz. Die haben ja eine große Abteilung für Sportsachen. Ich muss mir dringend eine neue Jacke für den Urlaub anschaffen. Wir fahren ja in diesem Jahr nach Südtirol – zum Wandern. Wir fahren schon in Juni, weil es dann nicht so voll ist. Aber da kann es eben auch noch ein bisschen kälter sein und regnen. Darum brauche ich auf jeden Fall eine neue Jacke.

Ich bin also gestern in das neue Kaufhaus gegangen und wollte mich beraten lassen. Man muss ja doch so einiges beachten. Und ich dachte, dort gibt es sicher gute Verkäufer, die wissen, welche Jacken für mich infrage kommen. Aber nein! Der Verkäufer konnte mir nicht einmal die Unterschiede zwischen den Jacken erklären. Als ich gefragt habe, welche Jacken atmungsaktiv sind, hat er mich mit großen Augen angeschaut. Er hat mir zum Wandern eine wasserdichte Jacke empfohlen, in der man total leicht schwitzt. So ein Quatsch!

Ich habe mich sehr geärgert. Ich bin extra in die Stadt gefahren! So ein Beratungsgespräch brauche ich wirklich nicht. Dann kaufe ich doch lieber im Internet ein. Da gibt es auch immer viele gute Hinweise dazu, was man beim Kauf berücksichtigen muss. Hast du eigentlich eine gute Jacke, die du mir empfehlen kannst?

Viele Grüße
Kai

		richtig
1	Kai war gestern in der Stadt zum Einkaufen.	⊗
2	Er hat eine Jacke gesucht, die er zum Wandern anziehen kann.	○
3	Er glaubt, dass das Wetter im Urlaub trocken sein wird.	○
4	Er wollte sich im Kaufhaus informieren.	○
5	Die Beratung dort hat ihm eigentlich ganz gut gefallen.	○
6	Kai hat sich geärgert, dass der Verkäufer nicht viel über die Jacken sagen konnte.	○
7	Er sucht jetzt lieber online nach Tipps für den Jackenkauf.	○

_____ / 6 PUNKTE

Menschen B1, Testtrainer 978-3-19-131903-8 © Hueber Verlag; Kopiervorlage

SCHREIBEN

3 **Haustiere in der Schweiz. Sehen Sie die Grafiken an. Schreiben Sie noch sechs Sätze.**

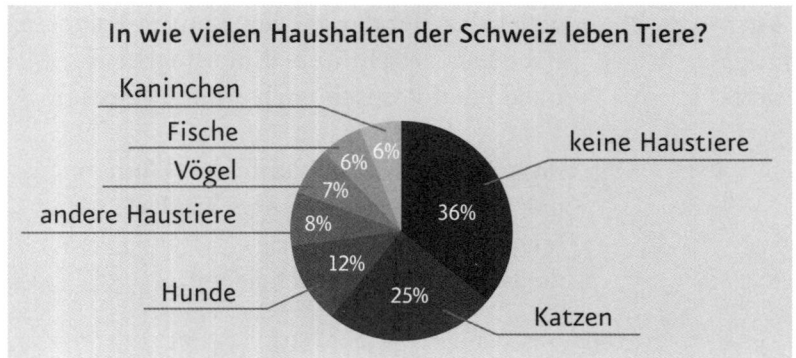

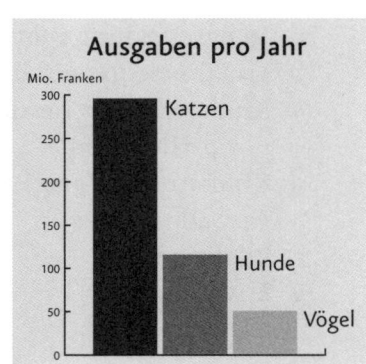

In jedem vierten Haushalt in der Schweiz leben Katzen.

_____ / 6 PUNKTE

SPRECHEN

4 **Ordnen Sie zu.**

etwas für Sie tun | einiges zu beachten | würde ich Ihnen diese empfehlen | im Angebot
eine Kaffeemaschine anschaffen | Ihren Rat

■ Guten Tag! Kann ich _etwas für Sie tun_ (a)?
▲ Ja, ich möchte mir _____ (b).
■ Oh, da gibt es natürlich _____ (c). Was erwarten Sie
denn von der Maschine? Soll sie den Kaffee automatisch kochen?
▲ Oh, ich weiß nicht. Da brauche ich jetzt _____ (d)!
■ Hier haben wir eine Maschine _____ (e), die alles automatisch macht.
Wenn Sie viel Kaffee kochen, _____ (f).

_____ / 5 PUNKTE

SPRECHEN

5 **Ordnen Sie zu und schreiben Sie drei Dialoge.**

Sie sollten bedenken | Darum möchte ich mir neue Schuhe anschaffen |
Ich habe mich schon entschieden | Ich möchte mich nur mal umsehen |
Kann ich Ihnen helfen | Da muss ich Ihnen gleich sagen

a ● Guten Morgen! _Kann ich Ihnen helfen_ (a)?
  ▲ Danke. _____ (b).
b ■ Ich fahre in die Berge. _____ (c).
  ● Gut. _____ (d), dass es bei Wanderschuhen
  große Unterschiede gibt.
c ● _____ (e), dass Qualität ihren Preis hat.
  ■ Ja, Sie haben recht. _____ (f). Ich nehme diese hier.

☺	☺	☹
23 – 28 Punkte	17 – 22 Punkte	0 – 16 Punkte

_____ / 5 PUNKTE

_____ / 28 PUNKTE

Menschen B1, Testtrainer 978-3-19-131903-8 © Hueber Verlag; Kopiervorlage

TEST 1 – Wörter und Strukturen

Name: _____

WÖRTER

1 Was passt zusammen? Ordnen Sie zu.

a der Schrift   pfleger
b der Kranken   weile
c der Hand   abend
d der Feier   steller
e die Lange   werker

_____ / 4 PUNKTE

WÖRTER

2 Was ist richtig? Kreuzen Sie an.

a Nach der Mittagspause trinken die Kollegen noch Tee in der
    ⊗ Cafeteria   ○ Mensa.   Das sieht der Chef nicht so gern.
b Für jedes Problem gibt es auch eine
    ○ Anleitung   ○ Lösung.   Man muss sie bloß finden.
c Für den Chef zählt nur das   ○ Ergebnis   ○ Verständnis.
    Er möchte, dass wir alles schnell erledigen.
d Die Kollegen hätten bei der Arbeit gern mehr   ○ Freiheit   ○ Feiern.
    Sie möchten kreativ sein.
e Der Chef versteht leider nicht viel von   ○ Fähigkeit   ○ Psychologie.
    Er kann nicht gut mit Menschen umgeben.

_____ / 4 PUNKTE

STRUKTUREN

3 Verbinden Sie die Sätze mit *da*.

a Ich habe mich bei Ihnen beworben. Ich bin gut für die Stelle geeignet.
    Ich habe mich bei Ihnen beworben, da ich gut für die Stelle geeignet bin.
b Der Beruf passt gut zu mir. Ich arbeite gern mit den Händen.
    _____
c Kreative Berufe machen mir Spaß. Ich erfinde gern etwas Neues.
    _____
d Ich erledige gern alle Aufgaben nacheinander. Ich bekomme sonst Stress.
    _____
e Ich arbeite gern mit Menschen zusammen. Ich bin sehr kontaktfreudig.
    _____

_____ / 4 PUNKTE

STRUKTUREN

4 Ergänzen Sie *während* oder *bevor*.

a *Bevor* ich Kaffee kochen kann, muss ich die Kaffeemaschine anschalten.
b Ich höre Musik, _____ ich den Brief tippe. Dann ist es nicht so langweilig.
c Ich räume gern meinen Schreibtisch auf, _____ ich Feierabend mache.
d Ich lese alles sehr genau, _____ ich einen Vertrag unterschreibe.
e Ich chatte mit Freunden, _____ ich koche. Ich mache gern Dinge gleichzeitig.

☺	☺	☹
13 – 16 Punkte	10 – 12 Punkte	0 – 9 Punkte

_____ / 4 PUNKTE

_____ / 16 PUNKTE

Menschen B1, Testtrainer 978-3-19-131903-8 © Hueber Verlag; Kopiervorlage

TEST 2 – Hören, Lesen, Schreiben, Sprechen

Name: _____

▶ 17–18 | **1** | **Was ist richtig? Kreuzen Sie an. Hören Sie jedes Gespräch zweimal.**

HÖREN

Gespräch 1

1 Frau Roggendorfs Stärke ist es, a ○ pünktlich b ⊗ zuverlässig
  c ○ ordentlich zu sein.

2 Sie vergisst a ○ nie ihre Uhr. b ○ manchmal die Zeit.
  c ○ keinen Termin.

3 Ihr Schreibtisch ist a ○ immer aufgeräumt. b ○ etwas unordentlich.
  c ○ sehr voll.

Gespräch 2

4 Herr Schuster hat a ○ viele Jahre b ○ noch nie
  c ○ nur am Wochenende im Krankenhaus gearbeitet.

5 Er ist flexibel, a ○ weil ihm die Arbeit wichtig ist.
  b ○ weil er teamfähig ist. c ○ weil er keine Kinder hat.

6 Er hat keine Erfahrung a ○ mit ernsthaften Problemen.
  b ○ als Chef. c ○ mit Kollegen.

_____ / 5 PUNKTE

2 | **Lesen Sie die Meinungen. Zu wem passen die Sätze?**

LESEN

Ihr Traumberuf – Was ist Ihnen im Beruf wichtig?

Sabine F. (54): Ich liebe Menschen und bin sehr kontaktfreudig. Darum ist klar: In meinem Traumjob möchte ich mit Menschen zusammenarbeiten. Das mache ich im Moment auch. Ich bin Krankenschwester. Ich wäre gern Ärztin geworden, aber ich durfte leider nicht studieren.

Michael V. (46): Ich habe meinen Traumberuf. Ich habe eine eigene Kfz-Werkstatt. Schon als kleiner Junge habe ich gern etwas mit den Händen gemacht. Autos und Technik waren schon immer meine Hobbys. Dann habe ich eine Ausbildung gemacht und seit drei Jahren bin ich selbstständig. Ich habe viel Verantwortung, da ich eine Familie habe. Aber die Arbeit macht mir Spaß!

Miriam B. (17): Mein Traumberuf? Meine Eltern möchten, dass ich studiere. Aber ich glaube, dass ich handwerklich begabt bin. Jedenfalls macht es mir Spaß, etwas mit den Händen zu tun. Ich hätte keine Lust, den ganzen Tag vor dem Computer zu sitzen. Dafür bin ich nicht geeignet. Ich brauche Bewegung. Und ich möchte kreativ sein.

Ralf S. (37): Traumberuf? Das ist doch alles Quatsch. Mir ist es wichtig, Geld zu verdienen. Bevor ich arbeitslos wurde, hatte ich auch Träume. Jetzt denke ich: Es ist egal, ob ich mit den Händen arbeite oder kreativ bin. Hauptsache, ich habe Arbeit. Im Moment arbeite ich als Pizzafahrer. Ich hoffe, ich kann das länger machen.

1 _Sabine_____ : Ich bin ein sozialer Typ.

2 _____ : Ich habe lange eine Arbeit gesucht.

3 _____ : Es macht mir Freude, selbstständig zu arbeiten.

4 _____ : Ich hätte gern studiert.

5 _____ : Ich möchte mich bewegen. Büroarbeit ist nichts für mich.

6 _____ : Ich war schon als Kind ein handwerklicher Typ.

7 _____ : Ich liebe Technik.

_____ / 6 PUNKTE

Menschen B1, Testtrainer 978-3-19-131903-8 © Hueber Verlag; Kopiervorlage

TEST 2 – Hören, Lesen, Schreiben, Sprechen

SCHREIBEN

3 **Stärken und Schwächen. Lesen Sie die E-Mails. Kreuzen Sie an, was zu Ihnen passt, und schreiben Sie zu jedem angekreuzten Punkt einen Satz.**

Betreff: Vorstellungsgespräch

Nächste Woche habe ich mein erstes Vorstellungsgespräch. Ich habe gelesen, man soll seine Stärken und Schwächen beschreiben. Oh je! Ich weiß wirklich nicht, was ich sagen soll! Kannst du mir helfen? Liebe Grüße

Re: Betreff: Vorstellungsgespräch

Klar, ich helfe dir gern. Ich habe in einer Zeitschrift einen Test gefunden. Hier kannst du ankreuzen, was zu dir passt. Dann kannst du die Punkte ordnen und deine Stärken und Schwächen beschreiben. Viel Spaß und alles Gute für das Gespräch! Liebe Grüße

- ○ teamfähig sein
- ○ flexibel sein
- ○ schüchtern sein
- ○ ordentlich sein
- ○ gut organisiert sein

- ○ handwerklich begabt sein
- ○ immer pünktlich sein
- ○ schnell lernen
- ○ gern allein arbeiten
- ○ kontaktfreudig sein

- ○ zuverlässig sein
- ○ gern helfen
- ○ kreativ sein
- ○ Geduld haben
- ○ selbstständig sein

Meine Stärken: _____
_____
_____

Meine Schwächen: _____
_____
_____

_____ / 7 PUNKTE

SPRECHEN

4 **Was passt zusammen? Ordnen Sie zu.**

a Der Test sagt,   meinen Fähigkeiten.
b Dieses Ergebnis hätte ich   passt das Ergebnis nicht.
c Das entspricht gar nicht   dass ich technisch begabt bin.
d Da ich Technik mag,   dass ich ein sozialer Typ bin.
e Für soziale Berufe   wirklich nicht erwartet.
f Ich denke eher,   bin ich eher nicht geeignet.

_____ / 5 PUNKTE

_____ / 23 PUNKTE

☺	☺	☹
19 – 23 Punkte	14 – 18 Punkte	0 – 13 Punkte

Menschen B1, Testtrainer 978-3-19-131903-8 © Hueber Verlag; Kopiervorlage

TEST 1 – Wörter und Strukturen

Name: _____

WÖRTER

1 **Wie kann man das anders sagen? Ergänzen Sie.**

a gemütlich – b e q u e m
b das Lebensmittel – das N _ _ _ _ _ _ _
c an der frischen Luft – im F _ _ _ _ _ _
d ein Päckchen Zigaretten – eine S _ _ _ _ _ _ _ _ Zigaretten
e von Erfahrungen erzählen – von Erfahrungen b _ _ _ _ _ _ _ _
f die Augen zumachen – die Augen s _ _ _ _ _ _ _ _
g das Essen (Frühstück, Mittagessen, Abendessen) – die M _ _ _ _ _ _ _ _
h der Angestellte – der A _ _ _ _ _ _ _ _ _

_____ / 7 PUNKTE

WÖRTER

2 **Ordnen Sie zu. (Zwei Wörter passen nicht.)**

Netzwerk | Nichtraucherin | nutzen | Risiko | schaden | Situationen | ~~Sucht~~ | Übungen | Verhältnis | Zusammenhang

■ Rauchen ist wirklich eine schlimme Sucht (a)! Jeder weiß doch, dass Zigaretten der Gesundheit _____ (b). Rauchst du eigentlich noch?

▲ Nein, ich rauche nicht mehr. Ich bin seit fünf Jahren _____ (c).

■ Das ist gut. Und wie geht es dir sonst? Was macht die Arbeit?

▲ Die Arbeit läuft gut. Ich bin sehr froh, ein gutes _____ (d) zu meinen Kollegen zu haben.

■ Ja, das ist wichtig. Ein Unternehmen ist ja ein _____ (e) aus Beziehungen …

▲ Ja, die Kollegen und ich haben aber auch viel Stress bei der Arbeit.

■ Du, das kenne ich. Aber auch da kann man viel machen. Einfache _____ (f) können helfen, sich zu entspannen.

▲ Aha. Na ja, ich möchte auch wieder mehr Sport machen.

■ Natürlich. Das musst du! Es gibt einen engen _____ (g) zwischen Fitness und Wohlbefinden. Schwierige _____ (h) verursachen oft Stress, wenn man keine guten Abwehrkräfte hat.

_____ / 7 PUNKTE

STRUKTUREN

3 **Ergänzen Sie die Adjektive in der richtigen Form.**

a Viel Bewegung an der frischen Luft sorgt für bessere (gut ++) Abwehrkräfte.
b Entspannungsübungen tragen zu einem _____ (groß ++) Wohlbefinden bei.
c Auch der _____ (bequem +++) Stuhl ist nicht unbedingt gut für den Rücken.
d Nach den _____ (neu +++) wissenschaftlichen Erkenntnissen kann Stress Kopfschmerzen verursachen.
e Viele Arbeitnehmer wünschen sich _____ (wenig ++) Überstunden.
f In einer _____ (lang ++) Mittagspause kann man sich auch ein bisschen an der frischen Luft bewegen.
g Ein gutes Netzwerk ist die _____ (gut +++) Hilfe bei Stress.
h Der _____ (wichtig +++) Faktor für die Gesundheit sind gute Beziehungen.

_____ / 7 PUNKTE

☺	☺	☹
17 – 21 Punkte	13 – 16 Punkte	0 – 12 Punkte

_____ / 21 PUNKTE

Menschen B1, Testtrainer 978-3-19-131903-8 © Hueber Verlag; Kopiervorlage

TEST 2 – Hören, Lesen, Schreiben, Sprechen

Name: _____

▶ 19   **1   Was ist richtig? Kreuzen Sie an. Hören Sie das Gespräch zweimal.**

	richtig	falsch
1 Das Gespräch findet auf einer Party statt.	⊗	○
2 Susanne ist Nichtraucherin.	○	○
3 Peter hat versucht, mit dem Rauchen aufzuhören.	○	○
4 Er hat viele Kollegen, die auch rauchen.	○	○
5 Die Raucherpausen macht er mit Kollegen zusammen.	○	○
6 Bei Susanne durfte man früher im Büro rauchen.	○	○
7 Heute finden Peter und Susanne es normal, dass das Rauchen im Büro verboten ist.	○	○
8 Susanne mag den Geruch von Zigaretten.	○	○
9 Peter raucht eine ganze Schachtel am Tag, wenn er gestresst ist.	○	○

_____ / 3 Punkte

2   Lesen Sie den Artikel. Was ist richtig? Kreuzen Sie an.

Entspannen Sie! – Tipps gegen Stress

Jeder hat mal Stress: Man hat zu viele Termine, der Chef verlangt zu viel, man hat Angst, nicht alles zu schaffen. Ein bisschen Stress ist auch kein Problem. Schwierig wird es aber, wenn man oft und lange Stress hat. Dann klopft das Herz bis zum Hals und der Blutdruck steigt. Der Körper wird fest, der Kopf tut weh und man schläft schlecht – und das kann krank machen.

Darum ist es wichtig für unser Wohlbefinden und unsere Gesundheit, regelmäßig zu entspannen. Dabei gibt es viele Wege. Jeder muss für sich selbst herausfinden, welche Methode die richtige ist. Ausdauertraining: Joggen, Radfahren, Schwimmen und viele andere Sportarten eignen sich sehr gut als Mittel gegen Stress. Für Menschen, die bei ihrer Arbeit viel sitzen, kann dieser Weg besonders hilfreich sein.

Yoga, Qigong oder Tai-Chi: Diese alten Entspannungstechniken helfen dem Körper, sich mit Bewegung zu entspannen. Das ist viel mehr als Gymnastik. Mit diesen Übungen kann man Kraft tanken, zur Ruhe kommen und die Abwehrkräfte stärken. Sie sind für jeden geeignet.

Wellness: Das englische Wort Wellness bedeutet Wohlbefinden. Zu Wellness gehören eine ganze Reihe unterschiedlicher Gesundheitsprogramme: Ayurveda, Bäder, Massagen. Auch ein Besuch in der Sauna kann positiv wirken. Oder ein Spaziergang! Schon eine kleine Pause – nur wenige Minuten täglich – kann helfen.

1 Häufiger Stress verursacht a ○ besseres Wohlbefinden.
  b ⊗ hohen Blutdruck.   c ○ Halsschmerzen.
2 Gegen Stress hilft es, wenn man a ○ wenig schläft.
  b ○ regelmäßig für Entspannung sorgt.   c ○ alle Sportarten ausprobiert.
3 Ausdauersport ist geeignet für Menschen, die
  a ○ sich in ihrer Arbeitszeit nicht viel bewegen.   b ○ schlecht schlafen.
  c ○ lange stehen müssen.
4 Yoga und Tai-Chi sind gut für a ○ alte Menschen.   b ○ alle Menschen.
  c ○ starke Menschen.
5 Wenn man Stress reduzieren will, a ○ braucht man nicht viel Zeit.
  b ○ muss man sein Leben ändern.   c ○ muss man positiv denken.

_____ / 4 Punkte

TEST 2 – Hören, Lesen, Schreiben, Sprechen

SCHREIBEN

3 Schreiben Sie eine Antwort.

~~Anrede~~ | gut – danke | tut mir leid: gern helfen | wichtig für mich: regelmäßige Mahlzeiten +
gesunde Nahrungsmittel | versuchen: viel an der frischen Luft sein | Sport machen? |
seit zwei Jahren Yoga: keine Kopfschmerzen mehr | auch gut gegen Stress: kurze Entspannungs-
übungen | zeigen? | treffen | Grüße

Hi,

Ich hoffe, es geht dir gut! Mir geht es leider nicht so gut. Ich bin oft sehr müde und habe
Stress bei der Arbeit. Du hattest doch auch vor einigen Monaten Probleme mit Stress. Was hast
du gemacht? Hast du Tipps für mich?

Liebe Grüße
Frieda

_____

Liebe Frieda,

_____/ 10 PUNKTE

4 Welche Sätze oder Satzteile sind ähnlich? Ordnen Sie zu.

SPRECHEN

a Das war der letzte Punkt.　　　　Meiner Ansicht nach …
b Zunächst zeige ich Ihnen, …　　　Ich bin nun mit meinem Vortrag am Ende.
c Haben Sie noch Fragen?　　　　　Ich habe die Erfahrung gemacht, dass …
d Meiner Meinung nach …　　　　　Sie können jetzt gern Fragen stellen.
e Ich habe Folgendes erlebt: …　　　Besten Dank für Ihre Aufmerksamkeit.
f Ich danke Ihnen fürs Zuhören!　　　Zuerst möchte ich erläutern, …

_____/ 5 PUNKTE

5 Ordnen Sie die Sätze.

SPRECHEN

○ Zuerst möchte ich Ihnen erläutern, wie wichtig Bewegung und frische Luft sind.
○ Nun bin ich mit meinem Vortrag am Ende. Haben Sie noch Fragen?
○ Als dritten Punkt möchte ich noch auf das Thema „Gesunde Ernährung" eingehen.
○ Ich danke Ihnen für Ihr Interesse.
① In meiner Präsentation geht es um das Thema „Entspannung".
○ Danach zeige ich Ihnen, was man gegen Stress tun kann.

_____/ 5 PUNKTE

_____/ 32 PUNKTE

☺	☻	☹
26 – 32 Punkte	19 – 25 Punkte	0 – 18 Punkte

Menschen B1, Testtrainer 978-3-19-131903-8 © Hueber Verlag; Kopiervorlage

TEST 1 – Wörter und Strukturen

Name: _____

Menschen B1, Testtrainer 978-3-19-131903-8 © Hueber Verlag; Kopiervorlage

WÖRTER

1 Welches Verb passt? Ergänzen Sie.

prüfen | starten | stecken lassen | stehen | vergessen | verpassen | waschen

a den Vertrag noch einmal genau *prüfen*
b morgens den Bus _____
c auf dem Weg zur Arbeit im Stau _____
d das Portemonnaie zu Hause _____
e die Bluse zu heiß _____
f den Schlüssel im Schloss _____
g den Motor _____ und zur Tankstelle fahren

_____ / 6 PUNKTE

WÖRTER

2 Wie kann man das auch sagen? Ergänzen Sie.

a nicht mehr da sein = *w e g* sein
b 15 Minuten = die _ _ _ _ _ _ _ _ _ _ _ _ _
c nicht die Wahrheit sagen = _ _ _ _ _ _

d nicht trocken = _ _ _ _
e der Weg = die _ _ _ _ _ _ _
f der Vortrag = die _ _ _ _ _ _

_____ / 5 PUNKTE

STRUKTUREN

3 Schreiben Sie Sätze mit *doch bloß*.

a Ich war am Sonntagabend sehr müde und habe nur
dummes Zeug geredet. Das tut mir sehr leid.
Hätte ich doch bloß nichts gesagt. (nichts sagen)

b Ich habe gestern den Bus verpasst und bin viel zu spät zur Arbeit gekommen.
Meine Chefin war richtig zornig!
_____. (früher aufstehen)

c Ich konnte am Samstag im Restaurant das Essen nicht bezahlen.
Mein Portemonnaie war leer. Das war vielleicht peinlich!
_____. (Geld mitnehmen)

d Ich sollte mir eine Überraschung für den Geburtstag meiner Mutter ausdenken.
Aber mir ist nichts eingefallen.
_____. (eine Idee haben)

e Ich war gar nicht beim Zahnarzt. Ich hatte zu viel Angst und wollte nicht,
dass du das weißt.
_____. (die Wahrheit sagen)

f Ich glaube, ich habe in der Werkstatt viel zu viel bezahlt.
Ich habe erst zu spät bemerkt, dass da etwas nicht stimmt.
_____. (die Rechnung prüfen)

g Ich bin schon wieder geblitzt worden. Ich glaube, beim nächsten Mal ist mein
Führerschein weg.
_____. (langsamer fahren)

_____ / 6 PUNKTE

_____ / 17 PUNKTE

☺	😐	☹
14 – 17 Punkte	10 – 13 Punkte	0 – 9 Punkte

TEST 2 – Hören, Lesen, Schreiben, Sprechen

Name: _____

▶ 20–24 **1 Was ist richtig? Kreuzen Sie an. Hören Sie die Nachrichten zweimal.**

Nachricht 1
1 André weiß nicht, ob er den Schlüssel verloren hat oder ob ihn jemand gestohlen hat. ⊗
2 André weiß nicht, ob Tine einen Schlüssel hat. ◯

Nachricht 2
3 Tine hat Andrés Schlüssel in der Tür stecken lassen. ◯
4 Tine hat einen Schlüssel für Andrés Wohnung und ist bald bei ihm. ◯

Nachricht 3
5 Mark ist mit dem Auto seiner Eltern geblitzt worden, als er zu André gefahren ist. ◯
6 Mark ist mit Andrés Auto geblitzt worden, als er zu seinen Eltern gefahren ist. ◯

Nachricht 4
7 André ist letzte Woche zum ersten Mal geblitzt worden. ◯
8 André ist noch nie geblitzt worden, weil er immer langsam fährt. ◯

Nachricht 5
9 Tine hat Ninas Wäsche gewaschen. Das hat einem Pullover nicht gut getan. ◯
10 Tines Waschmaschine ist kaputt. Jetzt weiß sie nicht, wo sie waschen soll. ◯

_____ / 4 Punkte

2 Lesen Sie die Anzeigen und die Aufgaben 1 bis 6. Welche Anzeige passt zu welcher Situation? Für eine Aufgabe gibt es keine Lösung. Schreiben Sie hier den Buchstaben X.

a) Ich habe am Montag (18.4.) (wahrscheinlich) hier meinen Schlüssel verloren. Wer hat ihn gefunden? Bitte melden. 0174 631 94 85

d) Schlüssel gefunden. 0171 645 72 95 (bitte Nachricht hinterlassen)

b) Ich habe hier am Freitag meine schwarze Jacke vergessen. Hat sie jemand mitgenommen? Ich freue mich, sie wiederzusehen. ☺ 0228 956 73 52

e) Portemonnaie mit Papieren und Ausweisen verloren. Wer es mir zurückbringt, bekommt 100 Euro. Bitte melden! 0228 766 54 42

c) Am Samstagvormittag (23.4.) stand mein Fahrrad noch hier. Es war abgeschlossen. Am Nachmittag war es dann weg. Wer hat etwas gesehen? Bitte melden! Eva 0228 649 75 63

	Anzeige
1 Lara hat gestern gemerkt, dass sie eine fremde Jacke mitgenommen hat.	b
2 Maja hat eine Geldbörse mit Führerschein und Kreditkarte gefunden.	_____
3 Georg findet seinen Fahrradschlüssel nicht mehr.	_____
4 Kathy hat sich eine neue Jacke zum Fahrradfahren gekauft.	_____
5 Finn sieht, dass in seinem Fahrradkorb ein Schlüssel liegt.	_____
6 Vor Olgas Haus steht seit Samstag ein Fahrrad, das niemandem gehört.	_____

_____ / 5 Punkte

Menschen B1, Testtrainer 978-3-19-131903-8 © Hueber Verlag; Kopiervorlage

TEST 2 – Hören, Lesen, Schreiben, Sprechen

SCHREIBEN

3 **Schreiben Sie eine Antwort. Schreiben Sie zu jedem Punkt zwei Sätze.**

> Hi, stell dir vor: Ich habe die Deutschprüfung nicht bestanden. Das ist total blöd. Ich brauche das Zertifikat doch für meinen neuen Job. Ich weiß nicht, was ich jetzt machen soll.

> 1. Reagieren Sie auf die Enttäuschung.
> 2. Geben Sie ein Ratschlag.
> 3. Berichten Sie über eine Situation, in der Sie enttäuscht waren. Was haben Sie gemacht?

Hi! Oh, _____

_____

_____

_____

_____

_____ / 6 PUNKTE

SPRECHEN

4 **Wie kann man reagieren? Ergänzen Sie die Gespräche.**

da kann man wohl nichts machen | das verstehe ich | ~~das war bestimmt sehr ärgerlich~~ |
Alles im Leben hat einen Sinn | Nicht zu glauben | vielleicht klappt es ja ein anderes Mal |
wirklich dumm gelaufen

a ■ Stell dir vor, ich habe gestern meinen Schlüssel im Büro vergessen. Als ich zu Hause angekommen bin, kam ich nicht in die Wohnung rein. Das war vielleicht blöd.
   ▲ Oh, _das war bestimmt sehr ärgerlich_ (a).
   ■ Sehr! Ich war richtig zornig auf mich.
   ▲ Ja, _____ (b).
   ■ Also musste ich noch einmal ins Büro fahren. Das hat über eine Stunde gedauert. Und als ich wieder zu Hause war, treffe ich meinen Nachbarn im Flur. Und da fällt mir wieder ein, dass er ja auch einen Schlüssel von meiner Wohnung hat.
   ▲ Mensch, das ist ja _____ (c).

b ■ Ein Kollege von mir hat sich mein Auto geliehen und ist geblitzt worden. Und jetzt sagt er, er wäre nicht gefahren!
   ▲ _____ (d)! Warum lügt er denn?
   ■ Ich weiß nicht. Hätte ich ihm das Auto doch bloß nicht gegeben.
   ▲ Weißt du: _____ (e). Jetzt weißt du wenigstens, dass du ihm nicht vertrauen kannst.

c ■ Stell dir vor, ich habe keine Tickets mehr für das Konzert von Madonna bekommen. Hätte ich mich doch bloß früher darum gekümmert.
   ▲ Tja, _____ (f). Alle Konzerte in Europa sind ausverkauft. Aber _____ (g).
   ■ Ja, da wäre schön. Ich würde sie so gern einmal live sehen.

_____ / 6 PUNKTE

_____ / 21 PUNKTE

☺	☺	☹
17 – 21 Punkte	13 – 16 Punkte	0 – 12 Punkte

Menschen B1, Testtrainer 978-3-19-131903-8 © Hueber Verlag; Kopiervorlage

TEST 1 – Wörter und Strukturen

Name: _____

1 Ordnen Sie zu und ergänzen Sie die Verben in der richtigen Form.

WÖRTER

| aufgeben | aufwachen | ~~campen~~ | frieren | genießen | laufen | mitteilen | verbieten |

a Am Wochenende fahren wir an einen See und _campen_! Ich glaube, wir werden die Zeit
   dort richtig _____ und uns gut erholen.
b Ich wollte immer schon einen Marathon _____. Aber ich habe es noch nicht
   geschafft. Gestern habe ich nach 30 Kilometern _____.
c Als ich Kind war, haben meine Eltern mir _____, ohne Jacke aus dem Haus
   zu gehen. Meine Kinder bemerken selbst, wenn es kalt ist und sie _____.
d Ich bin oft müde, wenn ich morgens _____. Ich brauche dann erstmal Kaffee.
e Meine Nachbarin hat mir _____, dass sie in drei Monaten umzieht
   und ihre Wohnung dann frei wird. Die hat eine Dachterrasse! Auf diesen
   Moment habe ich jahrelang gewartet.   _____ / 7 PUNKTE

2 Was ist richtig? Kreuzen Sie an.

WÖRTER

a Warum hast du denn den Tee so lange   ○ stecken   ⊗ ziehen   lassen?
   Jetzt ist er ganz bitter.
b Warum können nicht alle Menschen freundlich   ○ lächeln   ○ halten?
   Das macht die Stimmung doch sofort besser.
c Warum stehe ich im Supermarkt immer an der falschen   ○ Hoffnung   ○ Kasse?
d Warum ist die Milch so schnell   ○ sauer   ○ bitter   geworden?
e Warum ist der Geldautomat schon wieder   ○ außer   ○ entlang   Betrieb?
f Warum dürfen Erwachsene nicht mit dem Rad
   auf dem   ○ Stern   ○ Bürgersteig   fahren?   _____ / 5 PUNKTE

3 Schreiben Sie Sätze mit nachdem.

STRUKTUREN

a Ich habe mich zur Prüfung angemeldet.
   Ich konnte eine Woche lang nicht gut schlafen.
   Nachdem ich mich zur Prüfung angemeldet hatte,
   konnte ich eine Woche lang nicht gut schlafen.
b Ich habe mit der Lehrerin über die Prüfung gesprochen. Ich hatte ein besseres Gefühl.

   _____

c Ich habe die Prüfung bestanden. Ich habe meine Freunde zu einer Party eingeladen.

   _____

d Ich habe die Einladung per SMS abgeschickt. Ich habe mir ein neues Kleid gekauft.

   _____

e Ich bin zu Hause angekommen. Ich habe für meine Gäste gekocht.

   _____

f Alle Gäste haben sich verabschiedet. Ich habe mich sofort ins Bett gelegt.

| ☺ | ☻ | ☹ | _____ / 5 PUNKTE
|---|---|---|
| 14 – 17 Punkte | 10 – 13 Punkte | 0 – 9 Punkte | _____ / 17 PUNKTE

Menschen B1, Testtrainer 978-3-19-131903-8 © Hueber Verlag; Kopiervorlage

TEST 2 – Hören, Lesen, Schreiben, Sprechen

Name: _____

▶ 25 **1 Wer sagt was? Kreuzen Sie an. Hören Sie das Gespräch zweimal.**

HÖREN

	Anja	Bernd	Beate	niemand
1 Ich habe gestern ferngesehen.	⊗	○	○	○
2 Glück liegt für mich im Alltag.	○	○	○	○
3 Glück ist, wenn man sich keine Sorgen machen muss.	○	○	○	○
4 Glück ist für mich, in den Urlaub zu fahren.	○	○	○	○
5 Zeit ist wichtig für mein Glück.	○	○	○	○
6 Ich bin auch glücklich, wenn keine Menschen in meiner Nähe sind.	○	○	○	○

_____ / 5 PUNKTE

2 Was passt? Lesen Sie die Nachrichten und ordnen Sie zu.

LESEN

Sandra: Ich habe heute Blumen geschenkt bekommen! Ein Mann hat mich auf dem Bürgersteig angesprochen. Er war mit einer Freundin verabredet und hatte Blumen für sie gekauft. Aber sie ist einfach nicht gekommen! Also hat er mir die Blumen geschenkt. Ich habe mich sehr gefreut.

Stefan: Ich dachte eigentlich, ich bin unsportlich. Meine Freundin hat mich gestern zu ihrem Yoga-Kurs mitgenommen. Der Lehrer hat gesagt, dass ich das wirklich sehr gut mache. Ich bin ganz stolz!

Frank: Gestern habe ich ein Kind gesehen, das einer alten Frau Blumen geschenkt hat. Die Frau hat sich so gefreut. Das war richtig schön!

Petra: Gestern habe ich eine Einladung zur Hochzeit bekommen. Eine Cousine von mir heiratet im Sommer. Wir haben uns vor vielen Jahren mal sehr gestritten. Ich dachte schon, sie meldet sich nie wieder. Und jetzt möchte sie, dass ich mit ihr feiere. Toll, oder?

Florian: Ich habe gestern eine berühmte Schauspielerin im Flugzeug gesehen. Ich habe mich leider nicht getraut, sie anzusprechen. Sie sah toll aus! Wie ein Weltstar eben!

Claudia: Ich habe gestern mal wieder „Notting Hill" gesehen. So ein toller Film. Julia Roberts spielt wirklich unglaublich gut. Und Hugh Grant ist wahnsinnig süß. Natürlich musste ich weinen – wie immer. Ich habe sicher zehn Taschentücher verbraucht.

a Sandra schreibt fröhlich,   dass eine Frau sich über Blumen gefreut hat.

b Stefan berichtet zufrieden,   dass ein Film mit einer tollen Schauspielerin sie sehr berührt hat.

c Frank erzählt gerührt,   dass sie zu einer Feier eingeladen ist.

d Petra schreibt erleichtert,   dass ein Lehrer ihn gelobt hat.

e Florian berichtet stolz,   dass sie heute Blumen bekommen hat.

f Claudia erzählt,   dass er eine berühmte Schauspielerin gesehen hat.

_____ / 5 PUNKTE

SCHREIBEN

3 **Wählen Sie aus jedem Punkt ein Stichwort aus und schreiben Sie einen Beitrag für das Forum. Schreiben Sie mindestens vier Sätze.**

1. ein Kind bekommen | sich verlieben | einen Job bekommen | eine Prüfung bestehen
2. letztes Jahr | vor zwei Wochen | vor zehn Jahren | gestern
3. in meiner Heimat | in Deutschland | in Österreich | in der Schweiz | im Urlaub
4. leicht | in die Luft springen | laut singen | tanzen | Freunde anrufen
5. so lange auf diesen Moment gewartet | nicht erwartet | einfach nur toll

GLÜCKSMOMENTE
Teilen Sie Ihren schönsten Glücksmoment mit uns! Was ist genau passiert? Wann und wo? Wie haben Sie sich gefühlt? Was war besonders toll daran?
Mein schönster Glücksmoment? Das war, als

_____ / 4 PUNKTE

SPRECHEN

4 **Welche Sätze sind ähnlich? Ordnen Sie zu.**

a So etwas habe ich auch schon einmal erlebt.
b Das berührt mich sehr.
c Das kann ich gut nachempfinden.
d Dieses Erlebnis finde ich besonders schön.
e Darüber hätte ich mich auch sehr gefreut.

Das hätte ich auch toll gefunden.
Das verstehe ich gut.
Das ist eine sehr schöne Erfahrung.
Das ist mir auch schon passiert.
Das finde ich sehr berührend.

_____ / 4 PUNKTE

SPRECHEN

5 **Ergänzen Sie.**

■ Gestern hat mir ein junger Mann den Koffer in den Zug getragen.
▲ Oh, gut! So etwas habe ich auch s c h o n e i n m a l e r l e b t (a).
■ Ja, das war wirklich sehr nett! Ich war ganz froh, denn der Koffer war ziemlich schwer.
▲ Super. Darüber hätte ich _____ auch _____ _____ (b). Ich habe gestern mal wieder „Notting Hill" gesehen. Das ist doch dein Lieblingsfilm, oder?
■ Ja. Ich muss jedes Mal weinen.
▲ Klar! Das kann ich __ __ n _____. (c)
Dieser Film b _____ m ___ (d) auch immer sehr.
■ Weißt du, dass das der erste Film war, den ich mit Christian gesehen habe? Das war vielleicht romantisch!
▲ Ja, dieses Erlebnis _____ ich auch b _____ (e) romantisch. Du hast wirklich Glück, dass Christian solche Filme mag.

_____ / 4 PUNKTE

_____ / 22 PUNKTE

☺	☺	☹
18 – 22 Punkte	13 – 17 Punkte	0 – 12 Punkte

Menschen B1, Testtrainer 978-3-19-131903-8 © Hueber Verlag; Kopiervorlage

Name: _____

1 **Wie heißt das Nomen? Ergänzen Sie mit Artikel.**

WÖRTER

a sich erkälten – *die Erkältung*
b verbessern – _____
c sicher sein – _____
d wählen – _____
e vorstellen – _____

_____ / 4 PUNKTE

2 **Ordnen Sie zu. (Zwei Wörter passen nicht.)**

WÖRTER

Boot | Broschüre | ~~Betriebsrat~~ | Gewerkschaft | Herausforderung | Kreis | Mühe |
Politik | Wahl | Wetterbericht

a ■ In unserer Firma wird ein neuer *Betriebsrat* gewählt. Es gibt zwei Kandidaten,
die auch in der _____ sind.
▲ Und wen wählst du?
■ Frau Henkel. Sie gibt sich immer viel _____ mit der
Kommunikation. Ich glaube, das ist die richtige _____ für sie.
b ■ Was ist das für eine _____?
▲ Das sind Informationen über die nächste _____.
■ Seit wann interessierst du dich für _____?
Du liest doch in der Zeitung nur den _____.

_____ / 7 PUNKTE

3 **Ergänzen Sie den Artikel und die richtige Endung, wo nötig.**
Tipp: Alle Nomen stehen im Singular.

STRUKTUREN

a Wie heißt der Titel dein*er* Broschüre_____ genau? Und wo kann ich sie bestellen?
b Hast du auch das Ende d_____ Wetterbericht_____ gehört? Gibt es morgen Regen?
c Wann wird das Ergebnis d_____ Wahl_____ mitgeteilt?
d Kannst du dich an den Inhalt dies_____ Artikel_____ erinnern? Ich habe leider alles
vergessen.
e Mit der Lösung dies_____ Problem_____ sind viele Mitarbeiter der Firma beschäftigt.
f Wo ist der Fahrer dies_____ Pkw_____? Er hat einen Unfall verursacht.

_____ / 5 PUNKTE

4 **Schreiben Sie Satzanfänge mit trotz und definitem Artikel.**

STRUKTUREN

a Obwohl das Wetter schlecht war, … *Trotz des schlechten Wetters …*
b Obwohl das Buffet lecker war, … _____
c Obwohl es lange Staus gab, … _____
d Obwohl es zahlreiche Verbesserungen gab, … _____
e Obwohl die Hoffnung groß war, … _____
f Obwohl der Biergarten schön war, … _____

☺	☺	☹
17–21 Punkte	13–16 Punkte	0–12 Punkte

_____ / 5 PUNKTE

_____ / 21 PUNKTE

Menschen B1, Testtrainer 978-3-19-131903-8 © Hueber Verlag; Kopiervorlage; Ü1 © fotolia/Sandor Jackal

TEST 2 – Hören, Lesen, Schreiben, Sprechen

Name: _____

▶ 26–28 **1** **Was ist richtig? Kreuzen Sie an. Hören Sie die Gespräche zweimal.**

Gespräch 1

1 Der Mann wird   a ○ nicht   b ○ auf jeden Fall   c ⊗ vielleicht
   an der Betriebsversammlung teilnehmen.

2 Die Frau findet die Betriebsversammlung   a ○ nicht besonders wichtig.
   b ○ total unwichtig.   c ○ nicht sinnvoll.

Gespräch 2

3 Erika Meier hat   a ○ nur Frauen   b ○ nicht alle Kollegen
   c ○ die ganze Abteilung   zu ihrem Ausstand eingeladen.

4 Der Mann hat die Einladung   a ○ nicht verstanden.
   b ○ nicht gesehen.   c ○ gelöscht.

Gespräch 3

5 Die Frau möchte auf dem Sommerfest des Betriebs   a ○ mit Kollegen sprechen.
   b ○ etwas Besonders machen.   c ○ den ganzen Tag arbeiten.

6 Der Mann kann in diesem Jahr   a ○ nur kurz   b ○ wieder nicht
   c ○ auch   am Fest teilnehmen.

_____ / 5 Punkte

2 **Lesen Sie die Einladung und die Aufgaben 1 bis 6. Kreuzen Sie an: richtig oder falsch.**

> **Betreff:** Betriebsausflug
>
> Liebes Team,
> auch in diesem Jahr gibt es einen Betriebsausflug, und das Organisationsteam hat sich mal wieder etwas ganz Besonderes für alle Mitarbeiter ausgedacht. Wir fahren mit der „MS Godesia" auf dem Rhein von Bonn nach Königswinter. Von dort wandern wir – am Schloss Drachenburg vorbei – zum Drachenfels. Dort oben erwartet uns nicht nur ein wunderschöner Ausblick auf das ganze Rheintal, sondern auch ein Biergarten mit einer tollen Auswahl an Speisen und Getränken, wo wir dann unser Mittagessen einnehmen. Zurück fahren wir zuerst mit der Drachenfelsbahn und dann wieder mit dem Boot.
> Wir treffen uns am 25. Juni um 10 Uhr am Alten Zoll. Von dort gehen wir gemeinsam zum Boot, das pünktlich um 10.15 Uhr abfährt. Wir sind am späten Nachmittag (gegen 16.30 Uhr) wieder am Alten Zoll in Bonn. Wer Lust hat, kann dann noch in der Innenstadt zusammensitzen.
> Wir freuen uns auf einen schönen gemeinsamen Tag.
>
> Viele Grüße
> Gisela Peter und Roswitha Kroll

	richtig	falsch
1 Frau Peter und Frau Kroll laden die Kollegen zum Betriebsausflug ein.	○	○
2 Der Betriebsausflug wird von der Sekretärin des Chefs organisiert.	○	○
3 Die Mitarbeiter fahren von Bonn aus mit der Bahn zum Drachenfels.	○	○
4 Die Mitarbeiter essen im Biergarten auf dem Drachenfels zu Mittag.	○	○
5 Das Boot fährt um 10.15 Uhr in Königswinter ab.	○	○
6 Um 16.30 Uhr ist der Ausflug auf jeden Fall vorbei.	○	○

_____ / 5 Punkte

Menschen B1, Testtrainer 978-3-19-131903-8 © Hueber Verlag; Kopiervorlage

SCHREIBEN

3 **Lesen Sie die Einladung und schreiben Sie eine Absage.**
Schreiben Sie zu jedem Punkt etwas.

Liebe Kolleginnen und Kollegen,
ich arbeite nun seit 15 Jahren in unserer Firma.
Das möchte ich gern mit Ihnen feiern.
Ich lade Sie am 15. Mai zu Kaffee und Kuchen (und
einem Glas Sekt) in die Cafeteria ein. Bitte geben Sie
in den nächsten Tagen Bescheid, ob Sie kommen können.
Herzliche Grüße, Dorothea Grünberg

1. Schreiben Sie eine Einleitung.
2. Erklären Sie, warum Sie nicht kommen können.
3. Beschreiben Sie, wie Sie das finden.
4. Formulieren Sie einen Schluss.
5. Vergessen Sie die Anrede und die Grußformel nicht.

Liebe Frau Grünberg!

_____ / 5 PUNKTE

SPRECHEN

4 **Ordnen Sie zu und ergänzen Sie die Nachrichten auf dem Anrufbeantworter.**

bald von Ihnen zu hören | grüßen Sie bitte | Herzlichen Dank |
sehr über Ihre Einladung gefreut | Über eine schnelle Antwort |
im Voraus | Leider | sehr darüber gefreut |
~~Vielen Dank für~~ | vielen Dank für Ihre Mühe

1 Guten Tag, Herr Kaiser. _Vielen Dank für_ (a) Ihre Einladung, die ich heute bekommen habe. Ich
habe mich _____ (b).
_____ (c) kann ich nicht kommen,
weil ich an dem Wochenende in München bin.

2 Hallo, Herr Nielsen. Ich habe mich _____ (d).
_____ (e)! Ich komme sehr gern.

3 Hallo, Frau Schneider. Ich wollte Sie nur kurz fragen, ob Sie am 10. Mai um 11 Uhr Zeit für
ein Treffen mit dem Betriebsrat haben. _____ (f)
würde ich mich sehr freuen. Herzlichen Dank. _____ (g).

4 Guten Tag, Herr Franke. Ich habe eine Frage zu unserem Projekt. Ich würde mich freuen,
_____ (h).

5 Hallo, Frau Thoma. Könnten Sie mir bitte die Unterlagen für die Betriebsversammlung noch
einmal mailen? Ich habe sie leider gelöscht. Im Voraus _____ (i).
Ach, und _____ (j) Ihre Kollegin ganz herzlich von mir.

_____ / 9 PUNKTE

☺	😐	☹
19 – 24 Punkte	14 – 18 Punkte	0 – 13 Punkte

_____ / 24 PUNKTE

Menschen B1, Testtrainer 978-3-19-131903-8 © Hueber Verlag; Kopiervorlage

TEST 1 – Wörter und Strukturen

Name: _____

WÖRTER

1 Was passt zusammen? Ordnen Sie zu.

a das Miss   leiter
b das Standes   träger
c der Kurs   verständnis
d der Brief   anwalt
e der Rechts   sage
f die Durch   amt

_____ / 5 PUNKTE

WÖRTER

**2 Ergänzen Sie das passende Verb in der richtigen Form.
(Zwei Verben passen nicht.)**

abfliegen | beißen | besorgen | erschrecken | ~~folgen~~ | missverstehen | reden

a Leider kann ich dem Gespräch nicht _folgen_. Alle sprechen so schnell und undeutlich.
b Ich frage mich, warum immer alle durcheinander _____ müssen.
c Es ist mir peinlich, dass ich Sie _____ habe. Könnten Sie bitte etwas deutlicher sprechen?
d Zuerst war ich _____, dass ich so wenig verstehe. Aber dann habe ich gemerkt, dass ich wegen des Dialekts Probleme habe.
e Vielleicht _____ ich mir ein Buch über die Dialekte im Deutschen.

_____ / 4 PUNKTE

STRUKTUREN

3 Was ist richtig? Kreuzen Sie an.

a Ich finde es schwierig, die Durchsagen im Zug zu verstehen.
  ⊗ Deswegen   ○ Nämlich   ○ Wegen   höre ich immer sehr gut zu.
b ○ Deshalb   ○ Aus diesem Grund   ○ Wegen meiner Aussprache gibt es oft Missverständnisse.
c Über Missverständnisse kann man aber auch gut lachen. Dann sind sie ○ wegen ○ darum ○ nämlich gar nicht mehr so peinlich.
d Manchmal kenne ich die Bedeutung eines Wortes nicht so genau. ○ Wegen ○ Darum ○ Nämlich habe ich mir ein gutes Wörterbuch gekauft.
e Unser Kursleiter ist witzig, wenn es Probleme gibt. Er weiß ○ aus diesem Grund ○ nämlich ○ deswegen, dass Humor beim Lernen hilft.

Folgendes habe ich erlebt: …

_____ / 4 PUNKTE

STRUKTUREN

4 Ergänzen Sie die Endung, wo nötig.

Ich war gestern Morgen wegen mein_er_ Prüfung_____ (a) sehr nervös. Und dann haben wir uns auch noch wegen ein_____ kleinen Missverständnis_____ (b) gestritten. Ich war sehr böse! Wegen d_____ Streit_____ (c) bin ich zu spät zu meiner Prüfung gekommen. Und wegen dies_____ Verspätung_____ (d) habe ich nicht alle Aufgaben geschafft. Das war vielleicht doof!

☺	☺	☹
13–16 Punkte	10–12 Punkte	0–9 Punkte

_____ / 3 PUNKTE

_____ / 16 PUNKTE

Menschen B1, Testtrainer 978-3-19-131903-8 © Hueber Verlag; Kopiervorlage; Ü1 © Thinkstock/Stockbyte

TEST 2 – Hören, Lesen, Schreiben, Sprechen

Name: _____

HÖREN

▶ 29–33 **1 Wo gibt es welches Problem? Ordnen Sie zu. Hören Sie die Texte zweimal.**

1 Bei Text 1 ist
   ⊗ der Dialekt   ○ die Übersetzung   ○ die Wortbedeutung   das Problem.
2 Bei Text 2 ist
   ○ die Aussprache   ○ die Übersetzung   ○ die Wortbedeutung   das Problem.
3 Bei Text 3 ist
   ○ die Betonung   ○ die Übersetzung   ○ die Wortbedeutung   das Problem.
4 Bei Text 4 ist
   ○ die Aussprache   ○ die Übersetzung   ○ die Wortbedeutung   das Problem.
5 Bei Text 5 ist
   ○ die Betonung   ○ die Übersetzung   ○ die Wortbedeutung   das Problem.

_____ / 8 Punkte

**2 Lesen Sie den Artikel und ordnen Sie die Überschriften zu.
(Zwei Überschriften passen nicht.)**

LESEN

Aus einem Missverständnis wird ein Streit | Mehr Zeit für die Wünsche des Partners |
Immer wieder Fragen stellen | Langsam und deutlich sprechen | Ein Beispiel aus dem Alltag |
So kann man Missverständnisse vermeiden | Warum verstehen wir uns oft nicht richtig?

a So kann man Missverständnisse vermeiden
   Missverständnisse sind häufig der Grund dafür, dass sich Menschen streiten – auch wenn sie
   eigentlich die gleiche Sprache sprechen. Allerdings kann man die Kommunikation verbessern,
   wenn man ein paar Regeln beachtet.

b _____
   Oft denken gerade Freunde oder natürlich auch Partner, dass sie sich sehr gut kennen. Trotz der
   Nähe weiß man aber nicht immer, was der andere genau meint. Jeder Mensch hat Ideen im Kopf,
   wenn er etwas sagt. Doch der Gesprächspartner hat vielleicht ganz andere Vorstellungen.
   Aus diesem Grund kommt es häufig zu Missverständnissen.

c _____
   Etwa so: Eine Frau sagt zu ihrem Mann, dass sie gern mal wieder ins Kino gehen würde. Dabei
   denkt sie an einen romantischen Liebesfilm. Ihr Mann ist begeistert und kauft sofort im Internet
   zwei Tickets für den nächsten Samstag – allerdings für einen spannenden Actionfilm.

d _____
   Die Frau ist dann vielleicht enttäuscht und fühlt sich nicht verstanden. Und der Mann versteht
   nicht, was das Problem ist. Schließlich gehen sie doch jetzt ins Kino und genau das war doch der
   Wunsch seiner Frau (dachte er). Dann kann es ganz schnell gehen und schon gibt es Streit.

e _____
   Doch das muss nicht sein. Man kann Missverständnisse vermeiden, wenn man genau sagt, was
   man will. Ein guter Weg ist auch, immer wieder nachzufragen, ob man den anderen richtig
   verstanden hat. Eine mögliche Frage: „Was habe ich deiner Meinung nach gerade gesagt?" Das ist
   nicht schwer. Man muss nur im Alltag daran denken und sich ein bisschen Zeit dafür nehmen.
   Und natürlich ist es wichtig, diese Frage sehr freundlich zu stellen – sonst gibt es gleich den
   nächsten Streit.

_____ / 4 Punkte

SCHREIBEN

3 **Schreiben Sie eine Antwort.**

> Hi,
> ich soll einen Vortrag über Missverständnisse halten und brauche noch Beispiele. Es geht um Missverständnisse wegen der Aussprache oder der Betonung. Du hast doch sicher so etwas schon mal erlebt. Wann und wo war das? Was ist passiert? Wer war dabei? Wie hast du reagiert? Erzähl mal! Das würde mir sehr helfen!
> Liebe Grüße

Ja, klar. Das habe ich schon oft erlebt. Ich war einmal

_____ / 5 PUNKTE

SPRECHEN

4 **Ordnen Sie die Geschichte.**

○ Er konnte nicht so gut Englisch. Daher gab es ein lustiges Missverständnis.
○ Ich war in einem Restaurant und am Nebentisch saß ein netter Deutscher.
○ Ich habe ihm dann seinen Fehler erklärt und gesagt, dass „become" nicht „bekommen" bedeutet, sondern „werden".
① Als ich einmal in England war, ist mir Folgendes passiert.
○ Als die Kellnerin kam und das Essen brachte, sagte der Deutsche: „I become the pork."
○ Die Kellnerin hat angefangen zu lachen – und ich natürlich auch.
○ Der Deutsche hat sich gewundert und uns gefragt, warum wir lachen.
○ Als er gemerkt hat, was er gesagt hat, musste er auch sehr lachen.

_____ / 7 PUNKTE

SPRECHEN

5 **Was passt zusammen? Ordnen Sie zu.**

a Habe ich Sie richtig verstanden?   Daher kann ich Sie nur schlecht verstehen.
b Ich kenne das Wort nicht.   Ich frage, weil ich dem Gespräch nicht folgen
                                             konnte.
c Wie schreibt man das?   Bedeutet das, dass wir uns schon morgen treffen?
d Sie sprechen leider sehr schnell.   Könnten Sie mir das Wort bitte erklären?
e Was meinten Sie damit?   Könnten Sie das bitte buchstabieren?

_____ / 4 PUNKTE

_____ / 28 PUNKTE

☺	☻	☹
23 – 28 Punkte	17 – 22 Punkte	0 – 16 Punkte

Menschen B1, Testtrainer 978-3-19-131903-8 © Hueber Verlag: Kopiervorlage

TEST 1 – Wörter und Strukturen

Name: _____

1 **Was passt nicht? Streichen Sie das falsche Wort durch.**

a das Gewürz – das Rezept – der Löffel – ~~die Grundlage~~
b die Stimme – der Rest – das Lied – der Atem
c die Gefahr – der Stoff – die Schere – die Nadel
d die Kursleiterin – der Teilnehmer – der Eindruck – der Kursraum
e der Computer – der Geschmack – die Software – die Datei

_____ / 4 Punkte

2 **Wie kann man das anders sagen? Ergänzen Sie.**

a Einen älteren Menschen nennt man auch _S e n i o r_.
b Süden ist eine _ _ _ _ _ _ _ _ _ _ _ _ _.
c Wer viele Ideen hat, hat viel _ _ _ _ _ _ _ _.
d Musik, Literatur und Kunst gehören zur _ _ _ _ _ _.
e Wer etwas sehr gut kann, hat ein besonderes _ _ _ _ _ _.
f Wenn man eine große Auswahl hat, hat man viele
 _ _ _ _ _ _ _ _ _ _ _ _ _ _.

der Norden,
der Westen,
der Süder,
der Osten

_____ / 5 Punkte

3 **Was ist richtig? Kreuzen Sie an.**

a Ich suche einen staatlich ⊗ geförderten ◯ fördernden Computerkurs. Gibt es das?
b Es könnte ein ◯ vorbereiteter ◯ vorbereitender Kurs für den Beruf sein.
c Ich möchte ◯ ausgewählte ◯ auswählende Programme kennenlernen.
d ◯ Gefehlte ◯ Fehlende Computerkenntnisse machen die Arbeitssuche schwer.
e Zum Glück habe ich ja zu Hause einen ◯ funktionierten ◯ funktionierenden Computer, mit dem ich üben kann.

_____ / 4 Punkte

4 **Ergänzen Sie in der richtigen Form.**

a ■ Ich lade dich ein. Hast du _kommenden_ (kommen) Samstag schon etwas vor?
 ▲ Ich wollte eigentlich verreisen. Aber ich habe kein _____ (passen) Angebot gefunden!
 ■ Also, bei mir gibt es am Samstag selbst _____ (backen) Pizza – nur mit den besten und von mir selbst _____ (auswählen) Zutaten.
b ■ Ich suche ein _____ (herausfordern) Hobby. Was würdest du mir empfehlen?
 ▲ Du bist schon einmal Mountainbike gefahren? Das ist ein sehr _____ (anstrengen) Sport!
 ■ Oh, ich dachte eigentlich nicht nur an einen Sport. Ich suche ein _____ (umfassen) Trainingsprogramm für Körper und Kopf. Tut mir leid, aber Radfahren ist für mich keine _____ (überzeugen) Idee.

_____ / 7 Punkte

☺	😐	☹
16 – 20 Punkte	12 – 15 Punkte	0 – 11 Punkte

_____ / 20 Punkte

Menschen B1, Testtrainer 978-3-19-131903-8 © Hueber Verlag; Kopiervorlage; Ü2 © fotolia/Dirk Schumann

TEST 2 – Hören, Lesen, Schreiben, Sprechen

Name: _____

▶ 34 **1** **Was ist richtig? Kreuzen Sie an. Hören Sie das Gespräch zweimal.**

richtig

HÖREN

1 Fabian macht einen Kurs an der Volkshochschule. ⊗
2 Er lernt die Grundlagen des Fotografierens. ○
3 Er hat sich schon teure Software gekauft. ○
4 Max hätte gern günstige Software für seinen neuen Laptop. ○
5 Fabian empfiehlt ihm, einen Kurs an der Volkshochschule zu machen. ○
6 Der nächste Kurs startet noch vor dem Sommer. ○
7 Fabian ist überzeugt von der Qualität der Multimedia- und Fotokurse. ○

_____ / 6 Punkte

2 **Lesen Sie die Kursbeschreibungen und die Aufgaben 1 bis 6.
Welcher Kurs passt zu welcher Person? Für eine Person gibt es keinen Kurs.
Schreiben Sie hier den Buchstaben X.**

LESEN

Computer & Multimedia   *Volkshochschule*
EDV Grundkurs I   Kurs-Nr. 23141 | 9.5.–12.5., 14–17 Uhr
In diesem Kurs bekommen Sie grundlegende Kenntnisse für die Arbeit mit ausgewählten Betriebs-
systemen (Windows 8 und 10). Sie lernen zum Beispiel, wie Sie die Systemeinstellungen ändern. Sie
können das Betriebssystem nach dem Kurs selbstständig im Alltag anwenden. Voraussetzungen: keine

PC-Kaufberatung   Kurs-Nr. 23564 | 12.5., 18–21 Uhr
In diesem Kurs helfen wir Ihnen, sich über das umfangreiche Angebot zu informieren und die für Sie
passende Hard- und Software zu finden. Voraussetzungen: keine

Tipps bei häufigen PC-Problemen   Kurs-Nr. 24167 | 9.6., 16–18 Uhr
In diesem Kurs geht es um die häufigsten Probleme im Zusammenhang mit Computern – und darum,
wie man die passende Lösung findet. Voraussetzungen: keine

IT-Security   Kurs-Nr. 24134 | 11. und 20.5., 13–16 Uhr
Thema ist die Sicherheit von Daten und Geräten. Es werden grundlegende Kenntnisse über eine sichere
Nutzung von Computern und Internet vermittelt. Voraussetzungen: Windows- und Internetkenntnisse

Nützliche Smartphone-Apps   Kurs-Nr. 26539 | 13.6., 18–20 Uhr
In diesem Workshop lernen Sie nützliche Apps kennen, die Ihren Alltag erleichtern. Wir zeigen Ihnen,
wie der Umgang mit dem Smartphone noch einfacher wird.
Voraussetzung: eigenes Smartphone

Kurs-Nr.

1 Harald hat wichtige Dateien auf seinem Computer und möchte wissen,
   wie er sie sicher speichert.   24134
2 Nele braucht einen neuen Laptop, aber sie weiß nicht, worauf sie achten muss. _____
3 Monika hat ein Smartphone gekauft und will es im Urlaub als Navi nutzen. _____
4 Almuth braucht Hilfe für einen sicheren Start mit ihrem neuen Laptop. _____
5 Franz möchte selbst Apps programmieren, die ihm im Alltag helfen. _____
6 Thilo ist oft genervt, weil sein Laptop nicht das tut, was er will. _____

_____ / 6 Punkte

Menschen B1, Testtrainer 978-3-19-131903-8 © Hueber Verlag; Kopiervorlage

SCHREIBEN

3 **Lesen Sie die E-Mail. Sie möchten an diesem Kurs teilnehmen, können aber zum ersten Termin nicht kommen. Schreiben Sie eine E-Mail an den Kursleiter, den sie schon vom letzten Kurs kennen.**

~~Anrede~~ | angemeldet | erster Termin: nicht kommen können, Arzttermin | entschuldigen | in der zweiten Woche teilnehmen | sich auf den Kurs freuen | Grüße

Von:	anmeldung@vhs-deubental.de
Betreff:	Ihre Anmeldung

Vielen Dank für Ihre Anmeldung!
Sie haben den Gymnastikkurs Nummer 7642 gebucht (12-mal mittwochs von 18 bis 20 Uhr).
Der erste Termin ist der 7. September.
Ihr Kursleiter ist Peter Meier (p.meier@vhs-deubental.de).

Lieber Herr Meier,

_____ / 6 PUNKTE

SPRECHEN

4 **Ergänzen Sie.**

Internationale Kochkurse im Bildungszentrum

Sie _interessieren sich_ (a) für die internationale Küche? Sie m _ _ _ _ _ _ (b) neue Rezepte ausprobieren? Dann ist der Kurs „Kochen international" genau das Richtige für Sie. D _ _ _ _ _ _ K _ _ _ _ ist f _ _ a _ _ _ _ (c), die Spaß am Kochen in einer Gruppe haben. Dabei lernen Sie Gerichte aus Asien und Südamerika k _ _ _ _ _ _ (d). Sie h _ _ _ _ _ die M _ _ _ _ _ _ _ _ _ _ _ (e), auch selbst Vorschläge zu machen. V _ _ _ _ _ _ _ _ _ _ _ _ _ sind nicht n _ _ _ _ _ _ _ _ (f). Anmeldungen bitte telefonisch unter 0228 34 54 41.

_____ / 5 PUNKTE

_____ / 23 PUNKTE

☺	☺	☹
19–23 Punkte	14–18 Punkte	0–13 Punkte

Menschen B1, Testtrainer 978-3-19-131903-8 © Hueber Verlag; Kopiervorlage

TEST 1 – Wörter und Strukturen

Name: _____

1 Welches Verb passt? Ordnen Sie zu.

WÖRTER

a ein Angebot ————————— geben
b Acht   einstellen
c eine Pressemeldung   anhaben
d einen Sozialarbeiter   annehmen
e jemandem Verantwortung veröffentlichen
f eine Jeans   übertragen

_____ / 5 PUNKTE

2 Ordnen Sie zu. (Zwei Wörter passen nicht.)

WÖRTER

Betreuung | Fleck | Industrie | Konto | ~~Präsident~~ |
Recherche | Schicht | Schrift | Unternehmen

a Wie lange war Barack Obama _Präsident_
der Vereinigten Staaten von Amerika?
b Ich habe im Moment kein Geld mehr
auf meinem _____. Ich warte
auf mein Gehalt.
c Du hast da einen großen _____ auf deiner Bluse. So kannst du
auf keinen Fall zu deinem Vorstellungsgespräch gehen!
d Als Reporter oder Journalist verbringt man viel Zeit mit der _____.
e Wir suchen eine ältere Frau für die _____ unserer beiden Kinder.
f Seit wann machst du schon Schichtarbeit? Und in welchem _____
arbeitest du noch mal?
g Die Firma erwartet sehr gute Deutschkenntnisse in Wort und _____.
Ist das ein Problem für dich?

_____ / 6 PUNKTE

3 Schreiben Sie jeden Satz mit *nicht nur ... sondern auch* und *sowohl ... als auch*.

STRUKTUREN

a Ich / recherchiert haben / Pressemitteilungen geschrieben haben
  Ich habe nicht nur recherchiert, sondern auch Pressemitteilungen geschrieben.
  Ich habe sowohl recherchiert als auch Pressemitteilungen geschrieben.
b Ich / gut organisieren können / ein Team leiten können

  _____

c Ich / kreativ sein / kontaktfreudig sein

  _____

d Ich / gut / zurechtkommen / mit modernen Kommunikationsmitteln / mit Datenbanken

  _____
  _____
  _____

☺	☹	☹
14–17 Punkte	10–13 Punkte	0–9 Punkte

_____ / 6 PUNKTE

_____ / 17 PUNKTE

Menschen B1, Testtrainer 978-3-19-131903-8 © Hueber Verlag; Kopiervorlage

TEST 2 – Hören, Lesen, Schreiben, Sprechen

Name: _____

1 **Was ist richtig? Kreuzen Sie an. Hören Sie jede Nachricht zweimal.**

HÖREN

Nachricht 1
1 Daniel sucht eine Stelle in einem Computershop.   ○ richtig   ⊗ falsch
2 Ein Computershop sucht eine   a ○ Verkäuferin.   b ○ Türkin.
   c ⊗ Mitarbeiterin für das Callcenter.

Nachricht 2
3 Daniel denkt, dass er für Jasmin eine interessante Stellenanzeige
   gefunden hat.   ○ richtig   ○ falsch
4 Das Unternehmen arbeitet   a ○ in der Türkei.   b ○ international.
   c ○ in Deutschland.

Nachricht 3
5 Jasmin kommt gerade von einem Bewerbungsgespräch
   in einem Reisebüro.   ○ richtig   ○ falsch
6 Sie weiß nicht, ob sie   a ○ Chancen auf den Job hat.
   b ○ dort arbeiten will.   c ○ in der Türkei oder in Griechenland arbeiten wird.

Nachricht 4
7 Daniel glaubt, dass Jasmin die Stelle bekommen könnte.   ○ richtig   ○ falsch
8 Er rät ihr, zu erklären, warum sie   a ○ noch nie im Reisebüro gearbeitet hat.
   b ○ im Callcenter arbeitet.   c ○ neue Erfahrungen im Reisebüro sammeln will.

_____ / 6 Punkte

2 **Was passt? Lesen Sie das Bewerbungsschreiben und ordnen Sie zu.**

LESEN

Sehr geehrte Frau Schramm,

mit großem Interesse habe ich Ihre Stellenanzeige für eine Verkäuferin im Internet gelesen. Da die Beschreibung meinen Interessen und Vorstellungen entspricht, bewerbe ich mich hiermit um die Stelle. Ich habe vor einem Jahr meine Ausbildung als Einzelhandelskauffrau abgeschlossen. Danach konnte ich erste Berufserfahrungen in einem Schuhgeschäft sammeln. Dort gehörte die engagierte Betreuung und Beratung der Kunden zu meinen Aufgaben. Ich habe auch an der Kasse gearbeitet sowie bei der Dekoration des Geschäfts geholfen.

Ich bin sehr kontaktfreudig. Es fällt mir leicht, mit den Kunden ins Gespräch zu kommen. Die Arbeit im Schuhgeschäft hat mir immer viel Spaß gemacht. Darum kann ich mir auch gut vorstellen, in Ihrem Geschäft zu arbeiten.

Aus familiären Gründen ziehe ich im nächsten Monat um, sodass ich nun auf der Suche nach einer neuen Stelle bin. Sollten Sie noch Fragen haben, rufen Sie mich gern an.

Über eine Einladung zu einem persönlichen Gespräch würde ich mich sehr freuen.

Mit freundlichen Grüßen
Simone Meyer

a Simone hat die Stellenanzeige   um eine Stelle als Verkäuferin.
b Sie bewirbt sich   mit der Arbeit als Verkäuferin.
c Sie hat bereits Erfahrungen   dass ihr der Kontakt zu Kunden gut gelingt.
d Sie sucht die neue Stelle,   im Internet gefunden.
e Sie schreibt,   weil sie bald umzieht.

_____ / 4 Punkte

SCHREIBEN

3 **Formulieren Sie ein Bewerbungsschreiben.**
(Das Schreiben in Aufgabe 2 hilft Ihnen.)

Ausbildung: Einzelhandelskaufmann/-frau |
Erfahrung: Servicekraft an einer Tankstelle |
Aufgaben: Beratung und Betreuung |
Stärken: kontaktfreudig, engagiert, gut organisiert |
ledig: Arbeit am Wochenende kein Problem |
Fragen: anrufen | Einladung: freuen

SERVICEKRAFT (m/w) im Fitnessstudio

Auf 450-Euro-Basis unterstützen Sie unser
Team an der Rezeption bei der optimalen
Betreuung unserer Mitglieder. Hinzu kommen
leichte Reinigungsaufgaben. Sie arbeiten
zwölf Stunden pro Woche zwischen 8 und
22 Uhr, teilweise auch am Wochenende.
Erfahrungen im Service- und Dienstleistungs-
bereich sind notwendig.

Sehr geehrte Damen und Herren,
mit großem Interesse _____

_____

_____

_____

_____

_____

Mit freundlichen Grüßen

_____ / 7 PUNKTE

SPRECHEN

4 **Ein Bewerbungsgespräch. Ordnen Sie zu.**

~~Danke für die Einladung zum Gespräch.~~ | Ich erledige meine Aufgaben immer sehr zuverlässig. |
Ich habe im Internet recherchiert. | Ich möchte mich gern weiterentwickeln. | Ja, ich denke,
dass ich bei Ihnen viele Möglichkeiten habe. | Ja, ich habe schon fünf Jahre in verschiedenen
Cafés und Restaurants gearbeitet.

■ Schön, dass Sie da sind, Herr Kim.
▲ Guten Morgen, Frau März. *Danke für die Einladung zum Gespräch.* (a)
■ Oh, bitte. Setzen Sie sich doch. Wie sind Sie denn auf unser Restaurant gekommen?
▲ _____ (b)
  Und da habe ich gesehen, dass Ihr Restaurant noch Mitarbeiter sucht.
■ Haben Sie denn schon Erfahrungen im Servicebereich?
▲ _____ (c)
■ Und warum suchen Sie eine neue Stelle?
▲ _____ (d)
■ Bei uns?
▲ _____ (e)
  Ihr Restaurant ist ja etwas ganz Besonderes und in ganz Österreich bekannt.
■ Was sind denn Ihre Stärken?
▲ _____ (f)
  Außerdem bin ich sehr kontaktfreudig und komme mit allen Gästen gut zurecht.
■ Gut, haben Sie denn auch noch Fragen an mich?

_____ / 5 PUNKTE

_____ / 22 PUNKTE

☺	☺	☹
18 – 22 Punkte	13 – 17 Punkte	0 – 12 Punkte

Menschen B1, Testtrainer 978-3-19-131903-8 © Hueber Verlag: Kopiervorlage

TEST 1 – Wörter und Strukturen

Name: _____

1 Wie heißt das Nomen? Ergänzen Sie mit Artikel.

WÖRTER

a begegnen _die_ _Begegnung_
b lügen _____
c sich schminken _____
d sich streiten _____
e erziehen _____
f küssen _____

_____ / 5 PUNKTE

2 Was ist richtig? Kreuzen Sie an.

WÖRTER

a Meine Eltern haben sich nach 25 Jahren Ehe ⊗ getrennt.
○ entschlossen. ○ gewöhnt.
b Sie hatten schon länger viele ○ Kriege. ○ Lügen.
○ Konflikte.
c Für meine Großeltern ist das schlimm. In ihrer ○ Erziehung
○ Generation ○ Kosmetik kam das nicht infrage.
d Meine Eltern haben mich nach einem ○ Streit ○ Ratschlag
○ Kuss gefragt.
e Aber ich möchte dazu nichts sagen. Ich denke, dass jeder für sein Glück
selbst ○ verantwortlich ○ aufgeregt ○ begegnet ist.

_____ / 4 PUNKTE

3 Schreiben Sie Sätze mit *nicht brauchen* und Infinitiv mit *zu*.

STRUKTUREN

a ■ Ich habe heute keine Lust zu kochen.
▲ _Du brauchst heute nicht zu kochen._
b ■ Ich telefoniere abends nicht gern.
▲ _____
c ■ Ich habe jetzt keine Zeit, meine Haare zu waschen.
▲ _____
d ■ Ich bin zu müde, um wochentags auszugehen.
▲ _____

_____ / 6 PUNKTE

4 Ergänzen Sie *zu*, wo nötig.

STRUKTUREN

a Ich brauchte dir nur einmal _zu_ begegnen und schon hatte ich mich verliebt.
b Ich musste mich gar nicht an dich _____ gewöhnen. Du warst mir sofort vertraut.
c Ich brauche dir nur in die Augen _____ sehen und schon werde ich schwach.
d Ich brauche dich nur _____ küssen und ich bin im siebten Himmel.
e Ich hoffe, wir müssen uns nie wieder _____ trennen.

_____ / 4 PUNKTE

_____ / 19 PUNKTE

☺	😐	☹
15 – 19 Punkte	11 – 14 Punkte	0 – 10 Punkte

Menschen B1, Testtrainer 978-3-19-131903-8 © Hueber Verlag; Kopiervorlage

Name: _____

▶ 39 | **1** **Wer sagt was? Kreuzen Sie an. Hören Sie das Interview zweimal.**

	Frau Kuhn	Moderator	niemand
1 Ich wünsche mir, dass meine Enkel keinen Krieg erleben.	○	○	⊗
2 Viele ältere Menschen finden, dass das Leben früher besser war.	○	○	○
3 Als ich jung war, musste ich nach der Schule auf dem Bauernhof meiner Eltern arbeiten.	○	○	○
4 Kinder haben heute mehr Stress und weniger Arbeit.	○	○	○
5 Die Eltern kontrollieren ihre Kinder heute weniger.	○	○	○
6 Wir hatten früher ganz wenig Geld.	○	○	○
7 Handys helfen den Kindern, sich Termine zu merken.	○	○	○

_____ / 6 Punkte

2 **Lesen Sie die Meinungen im Online-Gästebuch eines Fernsehsenders.**
Zu wem passen die Sätze?

Facebook, WhatsApp und Snapchat – Wann stresst Kommunikation?

Mira D. (43): Danke für diese interessante Sendung! Ich habe zwei Kinder im Alter von 15 und 17 Jahren. Beide kommunizieren den ganzen Tag über ihre Smartphones mit ihren Schulfreunden. Jeden Tag kommen bestimmt für jeden 100 Nachrichten an. Ich sehe sehr deutlich, dass das für meine Kinder Stress bedeutet (auch wenn meine Kinder sagen, dass das kein Problem ist). Ich lege großen Wert darauf, dass es Pausen bei der Kommunikation gibt. Bei uns ist das Smartphone zum Beispiel beim Essen verboten.

Thomas G. (38): Ich bin erstaunt, dass Sie dieses wichtige und aktuelle Thema in Ihrer Sendung nur von einer Seite gezeigt haben. Natürlich kann es auch Stress machen, wenn man den ganzen Tag online und über WhatsApp und Facebook mit der ganzen Welt verbunden ist. Aber das ist doch auch eine große Chance. Mein Sohn ist 16 Jahre alt und wir haben ein paar Jahre in Singapur gelebt. Mein Sohn hat über die digitalen Medien immer noch viel Kontakt zu seinen Schulfreunden in Asien. Das ist doch toll.

Claudia J. (41): Ihre Sendung hat mir gut gefallen. Ich finde es wichtig, auf das Thema *Onlinesucht* hinzuweisen. Das ist wirklich gefährlich. Allerdings sind ja nicht nur Jugendliche von den neuen Medien gestresst. Auch wir Erwachsenen müssen lernen, gut damit umzugehen. Niemand kann ständig online sein, ohne dass das Stress macht. Da bin ich ganz sicher.

1 _Mira_____ : Ihre Sendung war sehr interessant für mich.
2 _____ : Mein Kind kommuniziert mit alten Schulfreunden im Ausland.
3 _____ : Viele Nachrichten sind stressig, auch wenn Jugendliche das nicht sofort sehen.
4 _____ : Die Sucht, online zu sein, ist auch für Erwachsene nicht ohne Gefahr.
5 _____ : Es ist wichtig, dass die Kinder nicht pausenlos online kommunizieren.
6 _____ : Die Sendung hat nicht die Chancen der digitalen Kommunikation beschrieben.

_____ / 5 Punkte

Menschen B1, Testtrainer 978-3-19-131903-8 © Hueber Verlag; Kopiervorlage

TEST 2 – Hören, Lesen, Schreiben, Sprechen

SCHREIBEN

3 **Lesen Sie die Einträge im Online-Gästebuch (Aufgabe 2) noch einmal und schreiben Sie Ihre Meinung zum Thema *Jugendliche und Medien*. Formulieren Sie zu jeder Frage mindestens einen Satz.**

1 Welche Erfahrungen haben Sie mit Jugendlichen und Medien gemacht?

3 Welche Probleme oder Chancen sehen Sie?

4 Was ist für Sie bei diesem Thema besonders wichtig?

2 Können Jugendliche mit den Medien gut umgehen?

_____ / 8 Punkte

SPRECHEN

4 **Was passt zusammen? Ordnen Sie zu.**

a Das war bei uns   nicht infrage.
b Bei uns kam das   wirklich nicht verstehen.
c Das ging mir   uns heute immer noch gut vorstellen.
d Das kann ich   nicht vorstellbar.
e Das ist heute   ehrlich gesagt genauso.
f Das können wir   kaum mehr vorstellbar.

_____ / 5 Punkte

SPRECHEN

5 **Ergänzen Sie.**

Als Jugendlicher w a r e s f ü r m i c h (a) sehr wichtig, alles anders zu machen als meine Eltern. Ich fand meine Eltern langweilig und habe mir immer gewünscht, dass sie mutiger sind. Ich l _ _ _ _ _ g _ _ _ _ _ _ _ _ W _ _ _ (b) darauf, dass ich zu allen Themen eine andere Meinung hatte als mein Vater. Ich g_ _ _ _, s _ o _ _ i _ _ k _ _ _ _ _ _ (c), zu einem Freund, den meine Eltern natürlich nicht mochten. Außerdem konnte ich e _ k _ _ _ _ e _ _ _ _ _ _ _ _ (d), bis ich endlich ausziehen durfte. Ich habe neben meinem Studium viel gearbeitet. Denn: Am w _ _ _ _ _ _ _ _ _ _ _ _ w _ _ m _ _ (e), von meinen Eltern finanziell unabhängig zu sein. Heute verstehen wir uns zum Glück richtig gut. Wir sehen uns nicht sehr oft, aber wir haben ein gutes Verhältnis.

_____ / 4 Punkte

_____ / 28 Punkte

☺	😐	☹
23 – 28 Punkte	17 – 22 Punkte	0 – 16 Punkte

TEST 1 – Wörter und Strukturen

Name: _____

1 **Ordnen Sie zu und ergänzen Sie die Verben in der richtigen Form. (Drei Verben passen nicht.)**

WÖRTER

anerkennen | ~~ausstellen~~ | blitzen | entstehen | gründen |
kämpfen | retten | verhaften | zerstören

a Deine Bilder sind echt toll. Möchtest du sie nicht
 in einer Galerie _ausstellen_? Bei uns haben Künstler
 eine Gruppe _____. Da kann ich mal
 nachfragen, wenn du magst.

b Hörst du den Donner? Gerade hat es dort hinter dem Hügel auch _____.

c Ich _____ seit Jahren gegen das Vorurteil, dass Frauen nicht Fußball
 spielen können.

d Bist du auch überrascht, wie gut die Polizei arbeitet? Gestern wurde schon wieder
 ein Dieb _____.

e Warum können wir nicht einfach _____, dass alle Menschen
 die gleichen Rechte haben?

_____ / 5 PUNKTE

2 **Was passt zusammen? Ordnen Sie zu.**

WÖRTER

a die Über   stahl
b der Dieb   recht
c der Geburts   antrag
d das Menschen   ort
e der Heirats   schrift

_____ / 4 PUNKTE

3 **Ordnen Sie zu. Achten Sie auf die Groß- und Kleinschreibung.**

STRUKTUREN

es lohnt | es fällt | ~~es ist~~ | es ist | es wird | geht es | gibt es | lohnt es | wird es

a ■ _Es ist_ klasse, dass die Polizei den Dieb so schnell verhaften konnte.
 ▲ Ja, aber _____ mir schwer zu glauben, dass das ein Profi war.

b ■ In der Galerie am Neutor _____ öfter tolle Ausstellungen.
 ▲ Dann _____ sich sicher, da mal hinzugehen. Danke für den Tipp!

c ■ Ich glaube, _____ morgen regnen. Das steht im Internet.
 ▲ Oh, seltsam. Ich habe in der Zeitung gelesen, dass morgen die Sonne scheinen wird.

d ■ Wie _____ deiner Schwester?
 ▲ Gut! Sie unterrichtet jetzt wieder an einer Schule. Das macht ihr viel Spaß.

e ■ Sag mal, _____ noch lange dauern, bis du mir einen Heiratsantrag machst?
 ▲ Äh, wie? Ich?

f ■ Ich glaube, _____ nicht einfach, gegen Vorurteile zu kämpfen.
 ▲ Ja, das stimmt. Aber _____ sich!

_____ / 8 PUNKTE

_____ / 17 PUNKTE

☺	☺	☹
14–17 Punkte	10–13 Punkte	0–9 Punkte

Menschen B1, Testtrainer 978-3-19-131903-8 © Hueber Verlag: Kopiervorlage

TEST 2 – Hören, Lesen, Schreiben, Sprechen

Name: _____

▶ 40 **1 Was ist richtig? Kreuzen Sie an. Hören Sie den Text zweimal.**

HÖREN

	richtig	falsch
1 Das ist eine Führung in einem Museum oder einer Ausstellung.	⊗	◯
2 Es wird ein Bild von Niels Farbenknecht gezeigt.	◯	◯
3 Der Maler wurde 1975 in Düsseldorf geboren.	◯	◯
4 Er hat an der Kunstakademie in Leipzig studiert.	◯	◯
5 Er hat 2005 einen Preis gewonnen.	◯	◯
6 Er malt besonders gern Tiere und Pflanzen.	◯	◯

_____ / 5 PUNKTE

2 Lesen Sie den Lexikonartikel. Ergänzen Sie dann die fehlenden Informationen.

LESEN

GUSTAV KLIMT

Gustav Klimt (* 14. Juli 1862 in Wien; † 6. Februar 1918 in Wien) war ein berühmter österreichischer Maler. Sein Werk ordnet man der Kunst des Wiener Jugendstils zu (auch Wiener Secession genannt). Gustav Klimt wurde als zweites von sieben Kindern geboren. Mit einem Stipendium studierte von 1876 bis 1883 an der Wiener Kunstgewerbeschule. In den 1880er Jahren bildete er mit zwei weiteren Künstlern eine Künstlergruppe. 1888 und 1889 reiste Klimt nach Krakau, Triest, Venedig und München. 1890 erhielt Klimt für sein Bild „Zuschauerraum im alten Burgtheater" den Kaiserpreis. 1897 gründete er zusammen mit anderen Künstlern die Gruppe „Wiener Secession", deren erster Präsident er von 1897 bis 1899 war. 1898 veranstaltete die Secession ihre erste Ausstellung. 1905 trat Klimt mit einer Gruppe von Künstlern aus der Secession aus, weil ihm der Stil einiger Malerkollegen nicht gefiel. Noch im selben Jahr wurde Klimt Mitglied im Deutschen Künstlerbund. 1905 stellte Klimt in der 2. Jahresausstellung des Deutschen Künstlerbundes im Ausstellungshaus der Berliner Secession 15 Werke aus und erhielt den Villa-Romana-Preis. 1906 reiste Klimt nach Belgien und England. In den Jahren 1907 und 1908 entstand Klimts berühmtestes Gemälde „Der Kuss".

GUSTAV KLIMT

GUSTAV _KLIMT_ (a)
Geburtsdatum: _____ (b)
Geburtsort: _____ (c)
Beruf: _____ (d)
Mitglied in folgenden Gruppen: _____ (e) (1897–1905) und Deutschen
Künstlerbund (ab _____) (f)
wichtige Preise: _____ (g) (1890) und Villa-Romana-Preis (_____) (h)
berühmtestes Bild: _____ (i) (1907–1908)

_____ / 4 PUNKTE

Menschen B1, Testtrainer 978-3-19-131903-8 © Hueber Verlag; Kopiervorlage

SCHREIBEN

3 Wählen Sie eine Person aus Ihrem Leben, die bereits gestorben ist und die Sie besonders beeindruckt hat. Schreiben Sie eine kurze Biografie. Schreiben Sie zu jedem Punkt einen Satz.

Name | Geburtsdatum und Geburtsort | Eltern und Geschwister | Kindheit und Jugend | Ausbildung | Arbeit | Reisen oder Hobbys | Heirat und Kinder | besondere Eigenschaften | wann und wo gestorben

Besonders beeindruckend finde ich _____

_____

_____

_____

_____

_____

_____

_____

_____ / 9 PUNKTE

SPRECHEN

4 Ordnen Sie zu.

Ab 1977 lebt | im Februar 2007 | Im März 1964 startet | ~~kommt … zur Welt~~ | Nach dem Studium gewinnt | nach der Trennung | stirbt mit 80 Jahren in | zwei Wochen vorher hatte

Der Sänger, Komponist und Musiker Udo Jürgens *kommt* am 30. September 1934 in Klagenfurt (Österreich) *zur Welt* (a). Er wächst im Schloss Ottmanach in Kärnten auf und lernt selbst, also ohne Lehrer, das Klavierspielen. Später studiert er Musik am Mozarteum in Salzburg.

_____ (b) Udo Jürgens bei einem Komponisten-Wettbewerb mit dem Lied „Je t'aime" den 1. Preis. _____ (c) Udo Jürgens zum ersten Mal beim Grand Prix Eurovision für Österreich und erreicht den 6. Platz. Ein Jahr später erreicht er Platz 4 und 1966 gelingt ihm mit dem Lied „Merci Chérie" der Sieg. Er gibt Konzerte in aller Welt.

Von 1964 bis 1989 ist Jürgens mit dem ehemaligen Fotomodell Erika Meier verheiratet. Sie haben zwei gemeinsame Kinder. Zehn Jahre _____ (d) heiratet er seine langjährige Freundin Corinna Reinhold in New York und lässt sich 2006 wieder scheiden.

_____ (e) Udo Jürgens in Zürich (Schweiz). 30 Jahre später, _____ (f), bekommt er die Schweizer Staatsbürgerschaft.

Udo Jürgens _____ (g) in Münsterlingen in der Schweiz. Nur _____ (h) er in Zürich den ersten Teil seiner 25. Konzerttournee beendet. Udo Jürgens gilt als einer der bedeutendsten Entertainer seiner Zeit. Er komponierte mehr als 1000 Lieder und verkaufte über 100 Millionen Schallplatten und CDs.

_____ / 7 PUNKTE

☺	☻	☹
20 – 25 Punkte	15 – 19 Punkte	0 – 14 Punkte

_____ / 25 PUNKTE

Menschen B1, Testtrainer 978-3-19-131903-8 © Hueber Verlag; Kopiervorlage

TEST 1 – Wörter und Strukturen

Name: _____

Menschen B1, Testtrainer 978-3-19-131903-8 © Hueber Verlag; Kopiervorlage; Ü1 © Thinkstock/iStock/O'Luk; Ü3 © fotolia/Tanja Bagusat

WÖRTER

1 Politik. Finden Sie noch neun Wörter und notieren Sie sie mit Artikel.

Bil	cher	Da	den	dung	~~ener~~	Fi	For	Frie	Ge
gie	heit	heit	nan	schaft	schung	schutz	schutz
Si	sund	ten	Tier	~~Wind~~	Wirt	zen

die Windenergie, _____

_____

_____

_____

_____ / 5 PUNKTE

WÖRTER

2 Ergänzen Sie.

a In einer Demokratie darf das V o l k politische Vertreter wählen.

b Die Partei, die bei der W _ _ _ die meisten Stimmen bekommen hat, darf die
  R _ _ _ _ _ _ _ _ _ bilden.

c In Deutschland hat das P _ _ _ _ _ _ _ _ _ _ einen besonderen Namen: Bundestag.

d Die Parteien, die nicht in der Regierung sind, bilden die O _ _ _ _ _ _ _ _ _ _.

e In der Regierung sind die M _ _ _ _ _ _ _ _ für bestimmte Themen zuständig.

f Wenn die Menschen mit der Arbeit der Regierung unzufrieden sind,
  organisieren sie D _ _ _ _ _ _ _ _ _ _ _ _ _ _.

_____ / 6 PUNKTE

STRUKTUREN

3 Ergänzen Sie *entweder ... oder, weder ... noch* oder *zwar ... aber*.

a Ich setze mich *zwar* für den Tierschutz ein, *aber* ich esse trotzdem
  Fleisch und Fisch.

b Ich habe mich nie politisch engagiert. Ich habe _____ an einer
  Demonstration teilgenommen _____ bei einer Bürgerinitiative mitgemacht.

c Ich weiß noch nicht genau, welche Partei ich am Sonntag wähle.
  _____ ich entscheide mich für die CDU _____ für die FDP.

d Unsere Regierung tut _____ schon etwas für den Klimaschutz, _____
  ich finde, dass man viel mehr machen muss.

e Der Klimaschutz ist ein dringendes Thema. _____ wir handeln bald,
  _____ wir bekommen große Probleme.

f Ich denke, die Politik kann nicht viel machen. Sie kann _____
  Kriege verhindern _____ für Frieden sorgen, oder?

_____ / 5 PUNKTE

STRUKTUREN

4 Wie heißen die Nomen? Ergänzen Sie die Endungen.

a die Dankbar k e i t   c der Wissenschaft _ _ _ _   e der Praktik _ _ _ _

b der Stud _ _ _   d die Zufrieden _ _ _ _ _   f der Optim _ _ _ _ _ _

_____ / 5 PUNKTE

☺	😐	☹
20 – 25 Punkte	15 – 19 Punkte	0 – 14 Punkte

_____ / 25 PUNKTE

Name: _____

▶ 41 **1 Was ist richtig? Kreuzen Sie an. Hören Sie das Gespräch zweimal.**

richtig

1 a Anne findet es wichtig, für Umweltthemen auf die Straße zu gehen. ○
   b Anne findet es wichtig, umweltbewusst zu handeln. ⊗

2 a Anne ist der Meinung, dass man im Alltag durch sein Verhalten politisch handelt. ○
   b Anne ist nicht der Ansicht, dass der Einzelne etwas in einer Partei ändern kann. ○

3 a Martin und Paula halten auch nicht viel mehr von Demonstrationen als Anne. ○
   b Martin und Paula haben schon für wichtige Themen demonstriert. ○

4 a Paula denkt, dass sich Frauen mehr in Partei engagieren sollten. ○
   b Paula denkt über die Mitarbeit in einer Partei nach. ○

_____ / 3 Punkte

2 Was ist richtig? Kreuzen Sie an.

Zum Artikel „Gelebte Demokratie? – Wenig politisches Engagement in Deutschland" von Timo Bilger

Ich habe den Artikel von Timo Bilger mit großem Interesse gelesen. In einer lebendigen Demokratie beteiligen sich die Bürgerinnen und Bürger am politischen Leben. Das ist wichtig und richtig, da sind – glaube ich – alle einer Meinung. Doch einige Punkte sehe ich anders als der Autor. Timo Bilger schreibt in seinem Artikel, dass sich immer weniger Menschen in Deutschland politisch engagieren. Dabei vergisst er, dass politisches Engagement viel mehr umfasst als die Arbeit in den politischen Parteien.

In Deutschland engagieren sich mehr als 23 Millionen Menschen. Sie tun dies meistens in ihrer näheren Umgebung, in ihrem Dorf oder ihrer Stadt. Sie besuchen kranke Menschen im Krankenhaus, lesen in Kindertagesstätten vor, helfen Flüchtlingen beim Deutschlernen, kümmern sich um einen Spielplatz und vieles mehr. Die Bereitschaft der Bürgerinnen und Bürger, sich sozial zu engagieren, ist sehr groß. Dazu muss man aber nicht Mitglied in einer Partei oder einem Verein sein. Die meisten engagieren sich in kleinen Projekten.

Und es gibt noch andere Formen des politischen Engagements. Viele Menschen setzen kleine Zeichen in ihrem Privatleben. Sie fahren mit dem Fahrrad statt mit dem Auto. Sie produzieren weniger Müll und benutzen keine Plastiktüten beim Einkaufen. Auch das ist politisches Engagement!

Simon Zimmer, Bad Neuenahr

richtig

1 Simon Zimmer kommentiert einen Zeitungsartikel von Timo Bilger. ⊗
2 Simon Zimmer und Timo Bilger sind nicht immer der gleichen Meinung. ○
3 Für Simon Zimmer gibt es politisches Engagement nur in den großen Parteien. ○
4 Die meisten Menschen, die sich engagieren, arbeiten in lokalen Projekten. ○
5 Simon Zimmer denkt, dass man heute nur noch kleine Zeichen setzen kann. ○
6 Für Simon Zimmer ist politisches Engagement auch zu Hause möglich. ○

_____ / 5 Punkte

Menschen B1, Testtrainer 978-3-19-131903-8 © Hueber Verlag; Kopiervorlage

TEST 2 – Hören, Lesen, Schreiben, Sprechen

3 **Lesen Sie den Forumseintrag und äußern Sie Ihre Meinung dazu.**
Schreiben Sie mindestens fünf Sätze.

SCHREIBEN

Micha68: Ich glaube, dass wir als Jugendliche andere Gründe hatten, uns politisch zu engagieren, als die Jugend von heute. In den 1980er Jahren haben wir uns in Deutschland entweder für den Frieden oder für soziale Gerechtigkeit engagiert. Der Umweltschutz war uns auch wichtig und der Wunsch nach mehr Demokratie! Bei den jungen Menschen heute spielen diese Themen keine Rolle mehr. Die Jugendlichen interessieren sich nur noch für sich selbst. Für ein günstiges Smartphone und schicke Turnschuhe. Außerdem legen sie großen Wert auf die Freiheit im Internet – sie wollen alles auf YouTube sehen und hören können. ... Was ist deine Meinung dazu? Wofür engagieren sich Jugendliche heute? Ist das anders als früher?

_____

_____

_____

_____

_____

_____ / 3 PUNKTE

4 **Welche Sätze sind ähnlich? Ordnen Sie zu.**

SPRECHEN

a Da bin ich völlig anderer Meinung.   Meiner Ansicht nach …
b Davon halte ist sehr viel.   Ganz meine Meinung.
c Meiner Meinung nach …   Unbedingt!
d Ja, auf jeden Fall!   Das sehe ich überhaupt nicht so.
e Das sehe ich auch so.   Das finde ich sehr gut.

_____ / 4 PUNKTE

5 **Wie kann man reagieren? Ergänzen Sie das Gespräch.**

SPRECHEN

Dagegen spricht zum Beispiel, dass | Das ist doch Unsinn! | Ganz meine Meinung. |
Meiner Ansicht nach | Nein, auf keinen Fall. | ~~Unbedingt!~~

■ Du findet Umweltschutz doch auch wichtig, oder?
▲ _Unbedingt!_ (a) Für mich ich das das wichtigste politische Thema überhaupt.
■ Ich engagiere mich in einer Bürgerinitiative für Atomenergie. Kommst du mal mit?
▲ _____ (b) Ich war schon immer gegen Atomenergie!
■ Aber warum denn? Es gibt doch viele gute Argumente dafür.
▲ Ja, findest du? Ich sehe das anders. _____ (c)
nicht klar ist, was mit dem Atommüll passieren soll.
■ Aber die Politiker arbeiten doch an einer Lösung. Das ist sicher bald kein Problem mehr.
▲ _____ (d) Man kann sich einfach auf keine Lösung einigen!
■ _____ (e) ist das nur eine Frage der Zeit.
▲ Weißt du, vielleicht reden wir einfach nicht mehr darüber. Ich rege mich sonst nur auf.
■ _____ (f). Mach's gut!

_____ / 5 PUNKTE

☺	☻	☹
20 – 25 Punkte	15 – 19 Punkte	0 – 14 Punkte

_____ / 25 PUNKTE

Menschen B1, Testtrainer 978-3-19-131903-8 © Hueber Verlag; Kopiervorlage

TEST 1 – Wörter und Strukturen

Name: _____

WÖRTER

1 **Was passt zusammen? Ordnen Sie zu.**

a das Vieh ———— die Wolle
b die Biene die Landwirtschaft
c das Schaf ———— die Herde
d der Bauer der Campingplatz
e das Zelt der Honig

_____ / 4 PUNKTE

WÖRTER

2 **Ordnen Sie zu. (Drei Wörter passen nicht.)**

Auftritt | darstellen | ~~erholen~~ | Jahrhundert | leisten | Nebensaison | Sport treiben | Tradition | Übernachtung | Ereignis

URLAUB IN ÖSTERREICH *Erholen* (a) Sie sich im Hotel Rübenhof im schönen Salzburger Land. Unser ruhig gelegenes Hotel ist ein Familienbetrieb mit langer _____ (b). Seit über einem _____ (c) verwöhnen wir unsere Gäste mit allem, was das Herz begehrt. Bei uns können Sie sich entspannen oder _____ (d), wandern oder mit dem Mountainbike die einzigartige Landschaft erkunden. Preise: eine _____ (e) im Doppelzimmer schon ab 59 Euro in der _____ (f). Ein Urlaub, den man sich _____ (g) kann.

_____ / 6 PUNKTE

STRUKTUREN

3 **Bilden Sie die Sätze mit *je ... desto* und dem Komparativ.**

a Der Campingplatz ist schön. Wir zelten dort lange.
  Je schöner der Campingplatz ist, desto länger zelten wir dort.
b Die Übernachtung ist teuer. Wir erwarten viel von dem Hotel.
  _____
c Es ereignet sich viel. Wir finden den Urlaub spannend.
  _____
d Wir treiben viel Sport. Wir erholen uns gut.
  _____
e Das Wetter im Urlaub ist gut. Wir sind dankbar.
  _____

_____ / 4 PUNKTE

STRUKTUREN

4 **Was ist richtig? Kreuzen Sie an.**

a Wir fahren seit fünf Jahren immer auf ○ derselben ⊗ denselben Campingplatz.
b Ich finde es schön, dass wir dort oft ○ dieselben ○ dieselbe netten Leute treffen.
c Es ist nicht langweilig, weil man ja nie ○ dasselbe ○ demselben Wetter hat.
d Außerdem zelten wir nicht immer in ○ dieselbe ○ derselben Jahreszeit dort.
e Schön ist auch, dass wir immer mit ○ dasselbe ○ demselben Auto fahren.

_____ / 4 PUNKTE

☺	😐	☹
15–18 Punkte	11–14 Punkte	0–10 Punkte

_____ / 18 PUNKTE

Menschen B1, Testtrainer 978-3-19-131903-8 © Hueber Verlag; Kopiervorlage; 01 © Thinkstock/iStock

TEST 2 – Hören, Lesen, Schreiben, Sprechen

Name: _____

▸ 42

HÖREN

1 **Was ist richtig? Kreuzen Sie an. Hören Sie das Gespräch zweimal.**

1 Franzi ruft Katrin an, weil sie a ○ sich im Urlaub langweilt.
 b ○ von ihrem Urlaub erzählen will. c ⊗ Tipps für ihren Urlaub braucht.

2 Katrin war a ○ im letzten Jahr im August b ○ im vorletzten Jahr im August
 c ○ im letzten Jahr im September in der Lüneburger Heide.

3 Katrin empfiehlt, a ○ mindestens zwei Wochen b ○ höchstens zwei Nächte
 c ○ eine Woche zu bleiben.

4 Katrin findet, dass man bei einem Urlaub in der Heide a ○ gut entspannen kann.
 b ○ viel Kultur erleben kann. c ○ besser Mountainbike fahren lernt.

5 Katrin erinnert sich gut a ○ an die lange Reise. b ○ an die nette Ferienwohnung. c ○ an die Werbung im Internet.

6 Die Ferienwohnung, von der Katrin begeistert ist, a ○ liegt in einer Stadt.
 b ○ ist klein, aber schön eingerichtet. c ○ hat Küche und Badewanne.

_____/5 PUNKTE

2 **Lesen Sie den Text und die Aufgaben 1 bis 6. Was ist richtig? Kreuzen Sie an.**

LESEN

Naturpark Lüneburger Heide

Der Naturpark Lüneburger Heide liegt etwa 40 km südlich von Hamburg. Er ist 1130 Quadratkilometer groß. In seinem Zentrum findet man ein ungefähr 230 Quadratkilometer großes Naturschutzgebiet. Nirgendwo in Mitteleuropa gibt es eine so große Fläche mit Heide. Diese Landschaft ist vor sehr langer Zeit entstanden, als Norddeutschland noch mit Eis bedeckt war. Doch man findet nicht nur Heideflächen im Naturpark Lüneburger Heide, sondern auch Moore und große Wälder.

Im Naturpark Lüneburger Heide kann man auf zahlreichen Wegen gut wandern, reiten oder mit dem Rad fahren. Der größte Teil des Naturschutzgebietes ist autofrei. Man erreicht das Naturschutzgebiet nur über zwei Straßen. Sie führen an den Rand des Gebiets, wo ausreichend viele Parkplätze zur Verfügung stehen. In vielen Orten in der Region und an Hotels kann man sich Fahrräder leihen.

Am schönsten ist es, die Lüneburger Heide mit dem Fahrrad oder zu Fuß zu erkunden. Im Naturschutzgebiet leben viele seltene Tiere. Besonders gut kann man die vielen Vogelarten (wie die Heidelerche, das Braun- und Schwarzkehlchen, die Nachtschwalbe und das Birkhuhn) beobachten.

richtig

1 Im Süden von Hamburg befindet sich der Naturpark Lüneburger Heide. ○
2 Der Naturpark hat eine Fläche von weniger als 1000 km². ○
3 Der ganze Naturpark ist ein Naturschutzgebiet. ○
4 Im Naturpark findet man Heideflächen, Moore und Wälder. ○
5 Zwei Straßen führen mitten durch das Naturschutzgebiet. ○
6 Am besten kann man die Landschaft zu Fuß oder mit dem Rad kennenlernen. ○

_____/5 PUNKTE

TEST 2 – Hören, Lesen, Schreiben, Sprechen

SCHREIBEN

3 **Schreiben Sie eine E-Mail aus dem Urlaub. Schreiben Sie zu allen Punkten etwas.**

① Wo sind Sie? Mit wem sind Sie unterwegs?

② Wie war die Anreise?

③ Wie gefällt Ihnen der Urlaub?

④ Was haben Sie gestern unternommen?

⑤ Was möchten Sie noch machen?

⑥ Denken Sie auch an einen Schluss.

⑦ Vergessen Sie die Grußformel nicht.

Hallo,

_____ / 7 PUNKTE

SPRECHEN

4 **Ergänzen Sie die Fragen.**

■ Entschuldigung, d a r f i c h S i e e t w a s f r a g e n (a)?

▲ Natürlich, dafür bin ich ja hier.

■ I __ __ w __ __ __ __ g __ __ __ w __ __ __ __ __ (b), welche Jahreszeit für eine Reise in die Lüneburger Heide besonders gut geeignet ist.

▲ Oh, die Heide ist zu jeder Jahreszeit eine Reise wert. Am beeindruckendsten ist es aber, wenn die Heide im August und September blüht.

■ Aha. Ich würde gern dort wandern gehen. G __ __ __ e __ d __ __ __ a __ __ __ (c) spezielle Angebote dafür?

▲ Ja, sehr viele. Es gibt zahlreiche, unterschiedlich lange Touren – von einem Spaziergang, der einen halben Tag dauert, bis hin zu einer mehrtägigen Wanderung. Ich gebe Ihnen gern einen Prospekt mit. Dort ist auch die beliebte „Vollmondwanderung" beschrieben.

■ Oh, vielen Dank. Und i __ __ h __ __ __ __ n __ __ __ e __ __ __ F __ __ __ __ __ (d) …

▲ Ja?

■ W __ __ __ __ __ __ S __ __ e __ __ __ __ __ __ __ __ __ (e) schon, wann Sie heute Feierabend haben?

☺	☻	☹	_____ / 4 PUNKTE
17 – 21 Punkte	13 – 16 Punkte	0 – 12 Punkte	_____ / 21 PUNKTE

Menschen B1, Testtrainer 978-3-19-131903-8 © Hueber Verlag; Kopiervorlage

TEST 1 – Wörter und Strukturen

Name: _____

1 **Welches Verb passt? Ordnen Sie zu. (Zwei Verben passen nicht.)**

ausziehen | bekannt geben | dienen | klappen | ~~nehmen~~ | regeln | sorgen | umgehen

a Rücksicht _nehmen_
b ein Resultat _____
c mit Schwierigkeiten gut _____

d dem Wohl aller Gäste _____
e für seine Gäste _____
f die Stiefel _____

_____ / 5 Punkte

2 **Was ist richtig? Kreuzen Sie an.**

a Ich finde es   ⊗ grundsätzlich   ○ nirgends   wichtig, dass man Vorschriften beachtet.
b Ich mag es aber nicht, wenn mir jemand   ○ dauernd   ○ ausreichend   sagt, was ich tun und lassen soll.
c Die Gefahr zu verunglücken ist in den Bergen bei schlechtem Wetter   ○ unheimlich   ○ wesentlich   größer.
d Lebensgefahr! Es ist   ○ sinnvoll   ○ untersagt,   diesen Weg bei Regen zu betreten.
e Es ist wichtig, bei Wanderungen   ○ ausreichend   ○ umsonst   Wasser mitzunehmen.

_____ / 4 Punkte

3 **Was passt? Kreuzen Sie an.**

a Zieh die Schuhe vor der Hütte aus,   ○ indem   ⊗ sodass   der Dreck draußen bleibt.
b Du hältst die Hütte sauber,   ○ indem   ○ sodass   du deine Schuhe draußen lässt.
c Du schützt dich vor Regen,   ○ indem   ○ sodass   du eine gute Jacke trägst.
d Nimm eine Jacke mit,   ○ indem   ○ sodass   du bei Regen nicht total nass wirst.

_____ / 3 Punkte

4 **Tipps für den Urlaub mit dem Mountainbike. Ergänzen Sie _indem_ oder _sodass_.**

a Fahren Sie zu Hause regelmäßig mit dem Rad, _sodass Sie schon etwas trainiert sind._ (schon etwas trainiert sein)
b Sorgen Sie gut für sich,_____
_____ (langsam anfangen)
c Wählen Sie am ersten Tag eine nicht zu anstrengende Tour, _____
_____.
(an den folgenden Tagen noch Kraft haben)
d Nehmen Sie immer Werkzeug mit auf Ihre Tour, _____
_____. (im Notfall Ihr Rad reparieren können)
e Informieren Sie sich über geeignete Strecken, _____.
_____ (sich eine Radkarte besorgen)

_____ / 4 Punkte

☺	☻	☹
13 – 16 Punkte	10 – 12 Punkte	0 – 9 Punkte

_____ / 16 Punkte

Menschen B1, Testtrainer 978-3-19-131903-8 © Hueber Verlag; Kopiervorlage; Ü4 © Thinkstock/Purestock

Name: _____

▶ 43 **1 Was ist richtig? Kreuzen Sie an. Hören Sie das Interview zweimal.**

	richtig	falsch
1 Thema der Sendung sind die Wanderwege in den Schweizer Alpen.	○	⊗
2 Timo Heise ist mit seinem Mountainbike über die Alpen gefahren.	○	○
3 Skifahren findet Timo Heise genauso gefährlich wie Mountainbiken.	○	○
4 Er findet, dass es mehr Mountainbiker als Skifahrer geben sollte.	○	○
5 Mountainbiker sollten vorsichtig mit den Wegen umgehen.	○	○
6 Außerdem sollten sie wissen, wie schnell sie fahren können, ohne eine Gefahr für andere zu sein.	○	○

_____ / 5 Punkte

2 Lesen Sie die Hausordnung und ordnen Sie die Überschriften zu.

Bitte helfen Sie uns! | Das geht nicht | Gute Nacht | ~~Herzlich willkommen~~ | Ihr Aufenthalt |
Ihre Abreise | Mitglied werden | Reservierung empfohlen

HAUSORDNUNG

Herzlich willkommen (a)
Wir wünschen allen Gästen einen schönen und erlebnisreichen Aufenthalt in unserer Jugendherberge!
In unserem Haus treffen sich Menschen unterschiedlicher Altersgruppen und Kulturen – und alle haben
verschiedene Bedürfnisse. Unsere Hausregeln sollen helfen, den Aufenthalt für alle so angenehm wie
möglich zu machen.

_____ (b)
Am einfachsten ist es, wenn Sie sich vor Ihrer Ankunft bei uns anmelden. Das können Sie telefonisch,
per E-Mail oder über unsere Website machen. Teilen Sie uns mit, wie lange Sie bleiben möchten und
um wie viel Uhr Sie anreisen. Die Betten bleiben bis 19 Uhr für Sie reserviert. Wenn Sie später anreisen,
geben Sie uns bitte Bescheid.

_____ (c)
Wer in einer Jugendherberge übernachten will, muss Mitglied eines Jugendherbergsverbandes sein. Sie können
bei Ihrer Ankunft in der Jugendherberge Mitglied werden.

_____ (d)
In unserer Jugendherberge gibt es nur Mehrbettzimmer. In der Regel sind die Gäste in den Zimmern nach
Geschlecht getrennt. Familien können aber in einem Zimmer gemeinsam untergebracht werden.

_____ (e)
Wir bitten Sie um Mithilfe. Bitte halten Sie die von Ihnen genutzten Räume und Gegenstände in Ordnung.
Außerdem bitten wir Sie, Ihr Geschirr selbst wegzuräumen. Unseren Mitarbeitern ist der Umwelt- und Natur-
schutz sehr wichtig. Bitte sammeln Sie Ihren Müll getrennt und gehen Sie mit Energie und Wasser sparsam um.

_____ (f)
In Schlafräumen dürfen Sie heiße Speisen weder zubereiten noch essen. Rauchen ist in der Jugendherberge
nicht gestattet. Der Konsum von mitgebrachten alkoholischen Getränken ist auf dem ganzen Gelände der
Jugendherberge nicht erlaubt. Tiere dürfen Sie nicht mitbringen (Ausnahmen sind möglich).

_____ (g)
Unsere Jugendherberge ist in der Regel bis 22 Uhr geöffnet. Die Nachtruhe beginnt um 22 Uhr und endet
um 7 Uhr. Bitte nehmen Sie bei Ihrem Aufenthalt Rücksicht auf andere Gäste.

_____ (h)
Die Schlafräume müssen bis 10 Uhr geräumt sein (Ausnahmen sind möglich).

_____ / 7 Punkte

Menschen B1, Testtrainer 978-3-19-131903-8 © Hueber Verlag; Kopiervorlage

TEST 2 – Hören, Lesen, Schreiben, Sprechen

SCHREIBEN

3 **Sie hatten ein schönes Wochenende in einem tollen Hotel. Schreiben Sie einen Gästebucheintrag für die Website des Hotels.**

Gast für ein Wochenende | begeistert | wunderschönes Zimmer | gemütlicher Balkon: fantastische Aussicht auf die Berge | aufmerksamer Service | Frühstück: große Auswahl | leckeres Essen | gern wiederkommen | Danke

Ich war ein Wochenende lang Gast in Ihrem Hotel. _____
_____
_____
_____
_____

_____ / 8 PUNKTE

SPRECHEN

4 **Was passt zusammen? Verbinden Sie.**

a Die Hauptsache ist,   größten Wert.
b Ich lege darauf   unheimlich wichtig.
c Es kommt darauf an,   aus verschiedenen Gründen ab.
d Das finde ich   wie man das sieht.
e Davon halte ich   dass es Spaß macht.
f Das lehne ich   nicht sehr viel.

_____ / 5 PUNKTE

SPRECHEN

5 **Ordnen Sie zu.**

davon halte | Die Hauptsache ist | größten Wert darauf | kann man schon verlangen | lehne ich | Wesentlich wichtiger

a Eine Übernachtung in einem großen Schlafraum mit vielen fremden Menschen?
   Tut mir leid, aber _davon halte_ ich nicht sehr viel.
b Ich brauche sehr viel Schlaf! Darum lege ich _____,
   dass ich nachts meine Ruhe habe.
c Wenn man mit vielen Menschen zusammen in einem Raum schläft, _____
   _____, dass alle Rücksicht nehmen.
d Musik stört mich beim Schlafen nicht. _____ ist für mich,
   dass keiner spricht.
e _____, dass niemand nachts das Licht anschaltet.
   Dann bin ich sofort wach und kann nicht mehr einschlafen.
f Wenn ich es mir genau überlege: Eigentlich _____ eine
   Übernachtung in einer Hütte ab. Ich kann das einfach nicht!

_____ / 5 PUNKTE

_____ / 30 PUNKTE

☺	☺	☹
24 – 30 Punkte	18 – 23 Punkte	0 – 17 Punkte

Menschen B1, Testtrainer 978-3-19-131903-8 © Hueber Verlag; Kopiervorlage

TEST 1 – Wörter und Strukturen

Name: _____

1 Was passt nicht? Streichen Sie.

WÖRTER

a die Garderobe – der Empfang – der Notausgang – ~~der Patient~~
b das Studio – der Kredit – der Lautsprecher – die Noten
c die Fußgängerzone – der Marktplatz – der Gast – das Kaufhaus
d der Zustand – die Ausfahrt – das Parkhaus – der Parkplatz
e die Stimmung – die Atmosphäre – das Gebäck – das Vergnügen

_____ / 4 PUNKTE

2 Wie heißt das Gegenteil? Ergänzen Sie.

WÖRTER

a das Gebäck behalten – das Gebäck _v e r t e i l e n_
b Geld abheben – Geld _ _ _ _ _ _ _ _ _
c (ein Sitzplatz) frei – _ _ _ _ _ _ _ _
d Schuld haben – _ _ _ _ _ _ _ _ _ sein
e der Erfolg – der _ _ _ _ _ _ _ _ _ _
f reden – _ _ _ _ _ _ _ _ _ _

_____ / 5 PUNKTE

3 Ergänzen Sie am/an … entlang und um … herum.

STRUKTUREN

a Hier ist Parken verboten. Fahren Sie _um_ den Markusplatz _herum_. Da können Sie parken.
b Sie wollen zum Stadion? Dann fahren Sie einfach immer _____ Rhein _____.
c Die Parkplätze für die Fahrräder sind hinter dem Kaufhaus.
   Gehen Sie einfach _____ das Gebäude _____.
d Das Hallenbad ist im Erdgeschoss. Gehen Sie _____ der Rezeption _____
   und dann immer geradeaus!
e Den Notausgang finden Sie dort drüben hinter der Garderobe.
   Gehen Sie _____ die Garderobe _____ und dann rechts.
f Die Gaststätte, die Sie suchen, ist nicht weit von hier.
   Gehen Sie einfach 500 Meter _____ der Mauer _____.
g Wo komme ich denn hin, wenn ich hier _____ diesem See _____ gehe? _____ / 6 PUNKTE

4 Im Kino. Schreiben Sie Sätze im Passiv.

STRUKTUREN

a das Handy ausschalten müssen
   Das Handy muss ausgeschaltet werden.
b nur leise reden dürfen
   _Es_ _____
c Popcorn und Eis im Kino kaufen können
   _____
d keine eigenen Getränke mitbringen sollen
   _Es_ _____

☺	☻	☹
15–18 Punkte	11–14 Punkte	0–10 Punkte

_____ / 3 PUNKTE

_____ / 18 PUNKTE

Menschen B1, Testtrainer 978-3-19-131903-8 © Hueber Verlag; Kopiervorlage

TEST 2 – Hören, Lesen, Schreiben, Sprechen

Name: _____

Menschen B1, Testtrainer 978-3-19-131903-8 © Hueber Verlag; Kopiervorlage

HÖREN

▶ 44 | **1** | **Was ist richtig? Hören Sie das Gespräch zweimal und korrigieren Sie die Sätze.**

1 Werner Thiele ruft in der Touristeninformation in Bonn an, weil er einen Ausflug
   für seine ~~Familie~~ plant. _Kollegen_

2 Der Termin für den Ausflug steht schon lange fest. _____

3 Beate Brück schlägt einen Besuch beim Kirschblütenfest in der Innenstadt
   vor. _____

4 Herr Thiele sucht nach einem Programmpunkt zum Thema Kunst. _____

5 Zum Jazzfest, das alle zwei Jahre stattfindet, werden Künstler
   aus dem In- und Ausland eingeladen. _____

6 Er fragt, ob es in der Beethovenstadt auch klassische Tanzveranstaltungen
   gibt. _____ _____ / 5 PUNKTE

LESEN

2 | **Lesen Sie die Beiträge im Forum. Zu wem passen die Sätze?**

STÄDTETIPPS

Wer war schon mal in Basel? Was könnt ihr empfehlen?

Dietmar (65): Ich war letzten September zum ersten Mal in Basel. Ich muss sagen, die Stadt ist toll – gemütlich und interessant zugleich! Für mich hat die Stadt genau die richtige Größe. Man kann alles gut zu Fuß erreichen. Basel blickt auf eine lange Geschichte zurück. Die romantische Altstadt hat mir am besten gefallen – mit den schmalen Straßen, den jahrhundertealten Gebäuden und der vielen versteckten Plätzen. Man kann überall nett draußen sitzen. Also: Fahrt nicht im Winter nach Basel, sondern wenn es etwas wärmer ist. Das lohnt sich.

Ruth (33): Ich liebe Städte, die an einem Fluss liegen. Und so hat mir auch Basel sehr gut gefallen. Klar, die Museen sind sehenswert, keine Frage! Aber die Altstadt ist das Beste: Einige Häuser sind aus dem 15. Jahrhundert! Besonders berühmt sind ja das Basler Münster, das Rathaus und die Mittlere Brücke. Sie ist das Symbol der Stadt und eine der ältesten Brücken zwischen Bodensee und Nordsee. Ich habe bei meinem letzten Besuch im Jun am liebsten am Rhein gesessen – mit Blick auf diese Brücke.

Kerstin (47): Ich interessiere mich eher für moderne Architektur und finde in Basel immer wieder spannende Gebäude – zum Beispiel auf dem Gelände der ehemaligen Brauerei Warteck Ansonsten kann man in Basel hervorragend essen – und gut shoppen, entweder in der Innenstadt oder in den modernen Shopping-Centern: dem St. Jakob-Park und dem Stücki!

Andreas (28): Mich interessieren alte Häuser nicht so sehr. Trotzdem hat Basel mich begeistert! Die Stadt ist sehr lebendig und natürlich weltweit berühmt für ihre Museen. Wer sich für Kunst interessiert, sollte auf jeden Fall mal nach Basel reisen. Nicht umsonst wird Basel „Kulturhauptstadt der Schweiz" genannt. Meine Highlights sind die Kunstsammlung der Fondation Beyeler (da kommt man mit öffentlichen Verkehrsmitteln gut hin) und natürlich das Kunstmuseum Basel.

1 _Dietmar_ : In der Altstadt gibt es viele Möglichkeiten, draußen zu sitzen.

2 _____ : Moderne Gebäude finde ich interessanter als die romantische Altstadt.

3 _____ : Basel ist ein Paradies für Kunstliebhaber.

4 _____ : Man braucht in der Stadt nicht unbedingt ein Auto.

5 _____ : Mich begeistern alte Bauwerke am Wasser.

6 _____ : Die Museen der Stadt sind international bekannt. _____ / 5 PUNKTE

SCHREIBEN

3 **Schreiben Sie eine Antwort (ca. 80 Wörter).**

> Hallo!
> Ich plane eine Reise in Dein Heimatland – und dachte, Du könntest mir vielleicht ein paar Tipps geben.
> Ich fahre im Juli und habe leider nur eine Woche Zeit. Wohin soll ich reisen? Was muss ich unbedingt
> sehen? Welche Stadt ist besonders schön und hat ein gutes kulturelles Angebot? Oder soll ich in die
> Natur fahren? Gibt es vielleicht ein besonderes Fest zu dieser Zeit? Ich freue mich auf Deine Antwort.
> Liebe Grüße, Paul

Lieber Paul,

_____ / 8 PUNKTE

SPRECHEN

4 **Ist die Bedeutung ähnlich oder anders? Markieren Sie mit = oder ≠.**

a Wir wurden sehr freundlich behandelt. = Die Gastfreundschaft war groß.

b Diese Stadtführung ist besonders empfehlenswert. Diese Stadtführung dürfen Sie nicht verpassen.

c Wir haben uns in Wien nie gelangweilt. Wien ist immer eine Reise wert.

d Schuld daran war der Verkehr. Der Verkehr hat mich überrascht.

e Die Atmosphäre war fröhlich. Es herrschte gute Stimmung.

f Wir hatten das große Vergnügen, eine ganz besondere Führung zu bekommen. Eines der tollsten Erlebnisse war eine besondere Führung.

_____ / 5 PUNKTE

SPRECHEN

5 **Ergänzen Sie.**

Ich war letztes Wochenende in der Steiermark in Österreich. Das war ein t o l l e s
E r l e b n i s (a). Am m _ _ _ _ _ _ _ b _ _ _ _ _ _ _ _ _ _ _ (b) hat mich die
Stadt Graz. Dort gab es ein g _ _ _ _ k _ _ _ _ _ _ _ _ _ _ (c) Angebot. Das Kunst-
haus ist ein f _ _ _ _ _ _ _ _ _ _ _ _ _ _ G _ _ _ _ _ _ (d), in dem sich ein Museum
für moderne Kunst befindet. Die i _ _ _ _ _ _ _ _ _ _ _ _ _ _ _ _ _ _ E _ _ _ _ (e) gab
es in der Altstadt. Dort sind auch d _ _ n _ _ _ _ _ _ _ _ _ (f) Café und Gaststätten.
Ich finde, Graz ist i _ _ _ _ _ e _ _ _ _ _ B _ _ _ _ _ _ (g) wert.

_____ / 6 PUNKTE

_____ / 29 PUNKTE

☺	😐	☹
24 – 29 Punkte	17 – 23 Punkte	0 – 16 Punkte

Menschen B1, Testtrainer 978-3-19-131903-8 © Hueber Verlag; Kopiervorlage

TEST 1 – Wörter und Strukturen

Name: _____

1 **Wie heißt das Nomen? Ergänzen Sie mit Artikel.**

WÖRTER

a genehmigen _de_ _Genehmigung_ d verlieren _____ _____
b protestieren _____ _____ e bauen _____ _____
c fliehen _____ _____ f einführen _____ _____

_____ / 5 PUNKTE

2 **Zeitungsüberschriften. Ordnen Sie zu.**
(Drei Wörter passen nicht.)

WÖRTER

Bau | ~~Denkmal~~ | erscheint | fordert | Flucht | genehmigt | Macht | protestiert | Union | Ursache | zwingt

a Neues _Denkmal_ am Rheinufer – Beethoven einmal anders
b Streit um Klimapolitik in der Europäischen _____
c Gewerkschaft der Polizei _____ bessere Arbeitsbedingungen
d Personal _____ gegen Entscheidung der Konzernführung
e Brüssel _____ Milliarden für schnelles Internet in Deutschland
f Waldsterben in Österreich – _____ bislang unbekannt
g _____ einer neuer Brücke – Stadt wartet auf Genehmigung
h Einbrecher auf der _____ – Polizei bittet um Mithilfe

_____ / 7 PUNKTE

3 **Schreiben Sie Sätze im Passiv.**

STRUKTUREN

a Präteritum: Die Europäische Union – 1993 – gründen
Die Europäische Union wurde 1993 gegründet.
b Perfekt: Die EU – gründen – damals – von zwölf Staaten
_____
_____

c Präteritum: Wichtige Grundlagen der EU – vereinbaren – im Vertrag von Maastricht
_____
_____

d Perfekt: Seit 1993 – in die EU – aufnehmen – viele weitere Mitglieder
_____
_____

e Präteritum: 1999 – in vielen EU-Staaten – eine gemeinsame Währung – einführen
_____
_____

f Präteritum: 2013 – Kroatien – in die EU – aufnehmen
_____
_____

_____ / 5 PUNKTE

_____ / 17 PUNKTE

☺	☺	☹
14 – 17 Punkte	10 – 13 Punkte	0 – 9 Punkte

Menschen B1, Testtrainer 978-3-19-131903-8 © Hueber Verlag; Kopiervorlage

Name: _____

▶ 45 **1 Was ist richtig? Verbinden Sie. Hören Sie die Meldung zweimal.**

HÖREN

a In dieser Meldung geht es darum,   Geschichte lebendig zu machen.

b Die Veranstaltungen versuchen,   statt allgemeine Fakten zu sammeln.

c Alle zwei Wochen lädt das Erzählcafé   um ihren Unterricht spannender zu
   dazu ein,   gestalten.

d In der Bücherei werden persönliche   mit Zeitzeugen über ein historisches
   Erlebnisse erzählt,   Ereignis zu reden.

e Zeitzeugen kommen auch in Schulen,   die Aktivitäten des Erzählcafés vorzustellen.

f Lehrer können Zeitzeugen einladen,   um von ihren Erlebnissen zu erzählen.

_____ / 5 PUNKTE

2 Lesen Sie die Meinungen im Forum. Zu wem passen die Sätze?

LESEN

Wer hat Erfahrungen mit Erzählcafés? Lohnt es sich, zu den Veranstaltungen zu gehen?

Susanne: Ich gehe regelmäßig mit meinen Töchtern ins Erzählcafé. Mir ist es wichtig, dass meine Kinder etwas über die Geschichte des Landes erfahren, in dem sie aufwachsen. Leider sind meine Eltern und die Eltern meines Mannes sehr früh gestorben. Sie konnten den Kindern nicht viel über die alten Zeiten erzählen. Im Erzählcafé ist es immer spannend. Die Zeitzeugen geben sich viel Mühe, ihre Erlebnisse für jeden verständlich zu präsentieren. Wir mögen die Abende im Erzählcafé sehr.

Thorsten: Ich bin Geschichtslehrer und habe seit vielen Jahren guten Kontakt zum Erzählcafé unserer Stadt. Ich lade immer wieder Zeitzeugen in meinen Unterricht ein. Sie wurden mir alle über das Erzählcafé vermittelt. Für die Schüler sind diese Stunden immer ein besonderes Erlebnis. Sie sind motiviert und bereiten sich gut auf die Stunde vor, damit sie spannende Fragen stellen können. Auch die älteren Menschen, die zu uns kommen, sind begeistert. Gerade in der letzten Woche hatten wir einen Gast, der über den Mauerbau in Berlin gesprochen hat. Seine traurigen Erlebnisse haben die Schüler sehr berührt. Wir haben den Herrn sofort noch einmal eingeladen, damit er uns auch von seiner Flucht aus der DDR berichten kann.

Rabea: Wann immer ich Zeit habe, besuche ich die Veranstaltungen unseres Erzählcafés. Ich habe keinen Kontakt mehr zu meinen Eltern, aber ich interessiere mich sehr für Geschichte. Es macht mir Spaß, zuzuhören, wenn ältere Menschen über historische Ereignisse berichten. Die persönliche Sicht auf Geschichte fasziniert mich. So bekommt man einen viel besseren Einblick. Ich kann Erzählcafés nur empfehlen. Sie sind wichtig beim Dialog der Generationen. Einige Veranstaltungen zum Zweiten Weltkrieg haben mir sehr geholfen, meine Eltern besser zu verstehen.

1 _Rabea_____ : Wenn Zeitzeugen berichten, bekommt man ein sehr gutes Bild von der Zeit.

2 _____ : Wenn man seine Großeltern nicht mehr fragen kann, sind Zeitzeugen ideal.

3 _____ : Wenn man mit Zeitzeugen redet, hat man mehr Verständnis für das Verhalten der Menschen.

4 _____ : Die älteren Menschen freuen sich über das Interesse an ihren Erlebnissen.

5 _____ : Es ist wichtig, dass Jugendliche etwas über Geschichte lernen.

6 _____ : Besonders beeindruckend fanden die Schüler Berichte über die Teilung Deutschlands.

_____ / 5 PUNKTE

Menschen B1, Testtrainer 978-3-19-131903-8 © Hueber Verlag; Kopiervorlage

TEST 2 – Hören, Lesen, Schreiben, Sprechen

SCHREIBEN

3 **Schreiben Sie einen Beitrag für das Forum.**

Lebendige Geschichte

Ich arbeite an einem Projekt mit dem Titel „Lebendige Geschichte". Wir sind auf der Suche nach historischer Ereignissen, die Menschen besonders berührt haben. Gemeint sind damit nicht unbedingt Ereignisse, die in den Geschichtsbüchern und Lexika beschrieben sind (wie der Mauerbau oder die Wiedervereinigung). Wir suchen persönlichere Erlebnisse, die mit einem geschichtlichen Ereignis verbunden sind. Bitte erzählen Sie uns Ihr Erlebnis. Was ist wann und wo passiert? Welche Rolle hat das in Ihrem Leben gespielt?

_____

_____

_____

_____

_____

_____

_____

_____

_____

_____ / 5 PUNKTE

SPRECHEN

4 **Beeindruckende historische Ereignisse. Ordnen Sie zu.**

bestimmt eine tolle Zeit | hätte das auch gern erlebt |
am liebsten hätte ich | mir das noch nie vorstellen |
muss sehr spannend gewesen sein | schon immer interessiert |
~~wäre gern dabei gewesen~~ |

■ Ich _wäre gern dabei gewesen_ (a), als die Beatles 1960 ihr erstes Konzert in Deutschland gegeben haben. Das _____ _____ (b). Damals gab es ja noch nicht so viele internationale Stars. Ich glaube, dieses Konzert war für alle, die dort waren, ein ganz besonderes Erlebnis.

▲ Das war _____ (c), als Christoph Kolumbus um die Welt gesegelt ist. Für Entdeckungsreisen habe ich mich _____ (d). Manchmal stelle ich mir vor, 1492 bei der Entdeckung von Amerika dabei gewesen zu sein. So eine Reise war natürlich sehr gefährlich. Aber ein neues Land zu entdecken, finde ich sehr beeindruckend. Ich _____ (e).

◆ Ich weiß nicht, wie es ist, in einem Schloss zu wohnen. Ich konnte _____ _____ (f). Aber als kleines Mädchen habe ich immer davon geträumt. Und _____ (g) als Kaiserin in Wien im Schloss Schönbrunn gelebt – mit vielen tollen Kleidern und mit viel Personal.

_____ / 6 PUNKTE

_____ / 22 PUNKTE

☺	☺	☹
18 – 22 Punkte	13 – 17 Punkte	0 – 12 Punkte

Menschen B1, Testtrainer 978-3-19-131903-8 © Hueber Verlag; Kopiervorlage

TEST 1 – Wörter und Strukturen

Name: _____

1 **Was passt zusammen? Ordnen Sie zu.**

WÖRTER

a die Bremse ——————— die Badewanne
b der Stecker der Zug
c die Dusche die Klingel
d die Eisenbahn die Kreuzung
e die Straße die Steckdose

_____ / 4 PUNKTE

2 **Ordnen Sie zu und ergänzen Sie die Verben in der richtigen Form. (Zwei Verben passen nicht.)**

WÖRTER

bemühen | feststellen | konsumieren | ~~schützen~~ | verbessern | verbrauchen | verschlechtern | vorziehen

a Ich finde es wichtig, die Umwelt zu _schützen_.
b Je weniger Energie wir _____, desto besser ist das für die Umwelt.
c Ich _____ mich seit Jahren, etwas für den Klimaschutz zu tun.
d Wenn sich die Lage im Klimaschutz weiter _____, beeinflusst das unsere Lebensqualität.
e Ich habe immer wieder _____, dass man in der Stadt mit dem Fahrrad viel schneller zum Ziel kommt als mit dem Auto.
f Wer viel _____, schadet der Umwelt. Weniger Luxus ist besser.

_____ / 5 PUNKTE

3 **Schreiben Sie Sätze mit *ohne ... zu, ohne dass, statt ... zu* oder *statt dass*. Es gibt immer zwei Lösungen.**

STRUKTUREN

a Fahr öfter mit dem Fahrrad, ... (nicht das Auto benutzen)
   Fahr öfter mit dem Fahrrad, statt das Auto zu benutzen.
   Fahr öfter mit dem Fahrrad, statt dass du das Auto benutzt.

b Zieh lieber einen Pullover an, ... (nicht die Heizung anmachen)
   _____
   _____

c Man kann auch gut leben, ... (nicht der Umwelt schaden)
   _____
   _____

d Ich versuche, mobil zu sein, ... (nicht viel Energie verbrauchen)
   _____
   _____

e Wir müssen etwas für die Umwelt tun, ... (nicht auf Gesetze warten)
   _____
   _____

_____ / 8 PUNKTE

☺	☻	☹
14–17 Punkte	10–13 Punkte	0–9 Punkte

_____ / 17 PUNKTE

Menschen B1, Testtrainer 978-3-19-131903-8 © Hueber Verlag; Kopiervorlage; Ü1: Mascha Greune, München; Ü3: Lutz Kasper, Köln

TEST 2 – Hören, Lesen, Schreiben, Sprechen

Name: _____

▶ 46 **1** **Was ist richtig? Kreuzen Sie an. Hören Sie den Text zweimal.**

HÖREN

1 Karl Simon möchte Geld sparen, statt die Umwelt zu schützen. ○ richtig ⊗ falsch
2 Er macht seit   a ○ zwei Jahren   b ○ einem Jahr   c ⊗ sechs Monaten Carsharing.

3 Natascha Klein nimmt den Bus zur Arbeit. ○ richtig ○ falsch
4 Sie nutzt Sonnenenergie für   a ○ alle elektrischen Geräte.
b ○ warmes Wasser.   c ○ ihr Auto.

5 Nikolas Stuhlmann mag das Thema Umweltschutz nicht. ○ richtig ○ falsch
6 Er findet, dass   a ○ die Wirtschaft   b ○ die Privatleute   c ○ die Urlauber etwas für die Umwelt tun sollte(n).

7 Heike Schönhausen engagiert sich sehr für die Umwelt. ○ richtig ○ falsch
8 Sie will   a ○ nie b ○ nicht mehr c ○ vielleicht wieder   fliegen.

_____ / 6 PUNKTE

2 **Lesen Sie den Zeitungstext. Was ist richtig? Kreuzen Sie an.**

LESEN

Mobil mit dem Rad – Österreichs umweltfreundliche Verkehrsstrategie

Beim Umwelttag in Kärnten haben Vertreter des österreichischen Bundesministeriums für Land- und Forstwirtschaft, Umwelt und Wasserwirtschaft den „Masterplan Radfahren 2015–2025" vorgestellt.

Bereits seit einigen Jahren ist die Förderung von umweltfreundlichen Verkehrsmitteln ein wichtiges Thema für die Regierung Österreichs. Dazu wurde 2004 ein großes Förderprogramm gestartet – die Klimaschutzinitiative „klimaaktiv mobil", die den Ausbau klimafreundlicher Mobilität unterstützt. Mehr als 5700 Projekte finden in Betrieben, Städten, Gemeinden und Regionen, Tourismuseinrichtungen und Schulen statt. Mit ihnen werden jährlich rund 590 000 Tonnen CO_2 eingespart.

Rund 75 Millionen Euro hat das Ministerium für die Projekte ausgegeben, die rund 5800 Jobs im Bereich Umwelt und Energie sichern bzw. schaffen. Die Projekte haben ganz unterschiedliche Ziele. Es werden sichere Radparkplätze oder Ladestationen für E-Bikes geschaffen. Radleihstationen werden eingerichtet und umweltfreundliche Lieferservices unterstützt.

Bei der Präsentation des Plans in Klagenfurt betonte der Bundesminister Andrä Rupprechter, dass der Verkehr eine der größten Herausforderungen für die Klimapolitik in Europa sei. Er forderte eine Mobilitätswende hin zu klimafreundlichen Alternativen. Dabei spielt der Radverkehr eine wichtige Rolle. Bis 2025 soll er österreichweit von 7 auf 13 Prozent erhöht werden.

	richtig
1 Der Umwelttag fand in Klagenfurt statt.	⊗
2 Dort wurde ein Plan vorgestellt, mit dem das Radfahren in Österreich weiter gefördert werden soll.	○
3 Die Initiative „klimaaktiv mobil" fördert erst seit Kurzem Umweltprojekte.	○
4 Das Programm will bis zu 5.700 Projekte in Schulen unterstützen.	○
5 Mit dem Fördergeld werden unter anderem Arbeitsplätze geschaffen, und die Infrastruktur für Fahrräder wird ausgebaut.	○
6 Ein Ziel des Masterplans ist es, den Radverkehr deutlich zu erhöhen.	○

_____ / 5 PUNKTE

SCHREIBEN

3 **Ein Leben ohne eigenes Auto. Wählen Sie ein Thema (A, B oder C), sammeln Sie Argumente und schreiben Sie Ihre Meinung.**

A Wer in der Stadt wohnt, braucht kein Auto. Dort kann man alles mit öffentlichen Verkehrsmitteln oder dem Fahrrad erreichen. Wie sind Ihre Erfahrungen dazu?

C Viele Menschen können sich kein Auto leisten. Wie können sie trotzdem mobil sein? Welche Möglichkeiten können sie nutzen?

B Carsharing ist eine umweltfreundliche Alternative zum eigenen Auto. Welche Vor- und Nachteile sehen Sie?

Thema ◯: _____

_____

_____

_____

_____

_____ / 6 PUNKTE

SPRECHEN

4 **Autofreier Sonntag? Ergänzen Sie.**

▪ Ich finde, alle Autofahrer sollten am Sonntag das Auto stehen lassen.
Das wäre ein deutliches Zeichen für den Umweltschutz.

▲ G e n a u (a), ich bin v ____ u __ g ____ (b) deiner Meinung! Viele Menschen brauchen ihr Auto, um damit zur Arbeit zu fahren. Aber das Wochenende kann man doch so organisieren, dass man kein Auto braucht.

● Tut mir leid, aber d __ k ____ i ___ euch nicht z _____ (c). Man kann doch den Menschen nicht verbieten, sonntags einen Ausflug mit ihrem Auto zu machen! Das ist ungerecht!

▪ Aber är _____ d_ d____ d ____ (d) nicht darüber, dass die Menschen alle vom Umweltschutz reden, aber nichts tun? Ma ____ d ___ d ___ ni _____ a ___ (e)?

◆ Autofreier Sonntag? D _____ h _____ i __ n _____ v ____ (f). Ich finde die Idee gut, einen Tag pro Woche auf das Auto zu verzichten. Aber m ____ St _____ (g) ist: Jeder darf sich den Tag selbst aussuchen.

● Ach, wisst ihr was? Die ganze Diskussion i _____ m ____ n _____ (h). Ich entscheide selbst, wann und wie oft ich Auto fahre. Was andere davon halten, i ___ m ___ g ____ e ____ (i).

_____ / 8 PUNKTE

_____ / 25 PUNKTE

☺	☺	☹
20 – 25 Punkte	15 – 19 Punkte	0 – 14 Punkte

Menschen B1, Testtrainer 978-3-19-131903-8 © Hueber Verlag; Kopiervorlage

TEST 1 – Wörter und Strukturen

Name: _____

1 **Welches Verb passt? Ergänzen Sie.**

| anzünden | begründen | klagen | ~~realisieren~~ | verändern | zweifeln |

a einen Plan _realisieren_　　　　d die eigene Entscheidung _____

b über den Smog _____　　e nicht an etwas _____

c eine Kerze _____　　　f etwas Neues machen und sich _____

_____ / 5 Punkte

2 **Wie kann man das auch sagen? Ergänzen Sie.**

a der Plan = die A b s i c h t

b die Entfernung = die D _ _ _ _ _ _

c die Realität = die W _ _ _ _ _ _ _ _ _ _

d einer nach dem anderen = der R _ _ _ _ nach

e da sein = a _ _ _ _ _ _ _ sein

_____ / 5 Punkte

3 **Schreiben Sie Sätze mit *um … zu*. Verwenden Sie *damit*, wenn *um … zu* nicht möglich ist.**

a Ich fahre Fahrrad, _um fit zu bleiben_. (fit bleiben)

b Ich habe mich beim Carsharing angemeldet,

_____.

(die Umwelt schützen)

c Ich kaufe Bioprodukte, _____

_____. (die Bauern bekommen faire Preise)

d Ich informiere mich über die Klimaerwärmung, _____

_____. (etwas dagegen tun können)

e Ich engagiere mich politisch, _____

_____. (Prozesse verstehen und mitbestimmen)

_____ / 4 Punkte

4 **Ergänzen Sie die Sätze.**

a Warum tust du so, als ob _es keine Alternative zum Auto gäbe?_
(es – keine Alternative zum Auto – geben)

b Warum hört es sich so an, als ob _____?
(Umweltschutz – nicht wichtig – sein)

c Warum scheint es, als ob _____?
(du – nie Zweifel – haben)

d Warum tust du so, als ob _____?
(du – mich – nicht hören können)

_____ / 3 Punkte

_____ / 17 Punkte

☺	☻	☹
14 – 17 Punkte	10 – 13 Punkte	0 – 9 Punkte

Menschen B1, Testtrainer 978-3-19-131903-8 © Hueber Verlag; Kopiervorlage

Name: _____

▶ 47 **1** **Was ist richtig? Kreuzen Sie an. Hören Sie den Vortrag zweimal.**

HÖREN

1 Das Thema des Vortrags ist die Stadt der Zukunft. ⊗
2 Das Leben in der Stadt wird sich in Zukunft kaum verändern. ◯
3 In einigen Jahren werden die Autos in der Stadt selbst fahren. ◯
4 Carsharing wird es in wenigen Jahren nicht mehr geben. ◯
5 Fabriken werden in Zukunft wieder in den Städten zu finden sein. ◯
6 Es wird dann auch mehr Fabriken geben, in denen Lebensmittel produziert werden. ◯
7 Es werden Methoden entwickelt, mit denen Gemüse ohne Wasser wachsen kann. ◯
8 In der Stadt wird schnelles Internet auch in Zukunft eine wichtige Rolle spielen. ◯

_____ / 7 PUNKTE

2 **Lesen Sie den Zeitungstext und die Aufgaben 1 bis 6. Was ist richtig? Kreuzen Sie an.**

LESEN

Frischer Berliner Fisch – Die größte Stadtfarm Europas

Die Berliner können jetzt Fisch und Gemüse kaufen, die keine langen Transportwege hinter sich haben. Die größte Stadtfarm Europas wurde von dem jungen Unternehmen ECF-Farmsystems auf dem Gelände einer ehemaligen Fabrik im Süden der Stadt gebaut. In einem 1800 Quadratmeter großen Gewächshaus wachsen Gemüsesorten wie Tomaten, Gurken, Zucchini und Spinat – zusammen mit Fischen. Ähnliche Stadtfarmprojekte gibt es in zahlreichen Großstädten der Erde. Doch das Berliner Projekt, das die Gründer von ECF-Farmsystems Christian Echternacht und Nicolas Leschke gemeinsam leiten, ist das einzige, in dem Fischzucht mit Gemüseanbau kombiniert wird. Und die Vorteile dieser Kombination werden sehr schnell deutlich: So wird bis zu 90 Prozent weniger Wasser verbraucht und bis zu 70 Prozent weniger Fläche benötigt.

Das Stadtgemüse wird in Paketen verpackt und nach Hause geliefert. Frische Kräuter und Salate gibt es auch im Hofladen, ebenso den Berliner Fisch, der für 15 Euro pro Kilo angeboten wird. Frischer und regionaler geht es kaum.

1 Im Text geht es um a ◯ Hofläden in Berlin. b ⊗ eine Stadtfarm in Berlin.
c ◯ Fischzucht in Europa.
2 Die Produkte haben den Vorteil, dass sie a ◯ nicht weit transportiert werden.
b ◯ sehr günstig sind. c ◯ zusammen verkauft werden.
3 Die Stadtfarm in Berlin arbeitet a ◯ ganz ähnlich wie b ◯ deutlich anders als
c ◯ mit demselben Konzept wie andere Stadtfarmen weltweit.
4 Wenn man Gemüseanbau und Fischzucht kombiniert, a ◯ spart man Energie.
b ◯ verkürzen sich die Transportwege. c ◯ spart man Wasser.
5 Im Vergleich zur normalen Landwirtschaft braucht man a ◯ weniger Zeit.
b ◯ doppelt so viel Geld. c ◯ über zwei Drittel weniger Platz.
6 Man kann Kartons mit Gemüse a ◯ nach Hause bestellen.
b ◯ nur im Hofladen kaufen. c ◯ für 15 Euro kaufen.

_____ / 5 PUNKTE

Menschen B1, Testtrainer 978-3-19-131903-8 © Hueber Verlag; Kopiervorlage

TEST 2 – Hören, Lesen, Schreiben, Sprechen

SCHREIBEN

3 Schreiben Sie eine Antwort. Formulieren Sie zu jeder Frage mindestens einen Satz.

Hallo,

wie geht es dir? Ich hoffe, bei Dir ist alles in Ordnung. Mir geht es gut. Wir waren gestern bei einer Freundin, die mit ihrer Familie seit zwei Jahren in einem Mehrgenerationenhaus wohnt. Ich muss sagen, dass ich vorher gar nicht wusste, was das überhaupt ist. Aber jetzt bin ich ganz begeistert von der Idee. In ihrem Haus leben ein paar Familien mit Kindern, aber auch ältere Menschen. Alle helfen sich gegenseitig. Das finde ich toll. Ich frage mich, ob das ein gutes Konzept für meine Familie ist.

Was hältst Du von der Idee des Mehrgenerationenhauses? Würdest Du gern in so einem Haus wohnen? Welche Vorteile siehst Du? Und gibt es Deiner Meinung nach auch Nachteile?

Ich freue mich, von Dir zu hören!

Liebe Grüße

Hallo, _____

_____

_____

_____

_____

_____

_____

_____ / 6 PUNKTE

SPRECHEN

4 Unsere Welt in 50 Jahren. Ordnen Sie zu.

dann haben wir keine andere Wahl | dass es dazu keine Alternative gibt |
Die Sache ist ganz einfach | Für mich besteht kein Zweifel daran | ~~Ich bin davon überzeugt~~ |
Ist es realistisch | Meiner Überzeugung nach | Wir können nicht so tun

a ■ _Ich bin davon überzeugt_ (a), dass wir in 50 Jahren nur noch online einkaufen. Es wird keine Geschäfte mehr geben und _____ .

Es wird einfach alles nach Hause geliefert. Man muss das Haus dann gar nicht mehr verlassen.

▲ _____ , dass wir in Zukunft alles online machen?
Glaubst du das wirklich? _____ , dass es auch in Zukunft noch Geschäfte geben wird. _____ : Die Menschen brauchen soziale Kontakte.

b ■ _____ wird in 50 Jahren jeder Haushalt einen Roboter haben. Roboter machen die ganze Hausarbeit – putzen, kochen, waschen. Ich denke, _____ . Und ich finde das auch gut.

▲ Aber das kann man doch nicht so einfach sagen. _____ , als ob das kein Problem wäre.

■ Wieso? Was ist denn dein Problem?

▲ Dann gibt es keine Arbeitsplätze mehr im Haushaltsbereich. Stell dir das doch mal vor!

☺	☻	☹	_____ / 7 PUNKTE
20 – 25 Punkte	15 – 19 Punkte	0 – 14 Punkte	_____ / 25 PUNKTE

Menschen B1, Testtrainer 978-3-19-131903-8 © Hueber Verlag; Kopiervorlage

Lektion 1

Test 1

1 **a** Humor **b** klug **c** ordentlich **d** großzügig **e** sparsam **f** nervös
2 **b** Mut **c** realistisch **d** Nachhilfe **e** Respekt **f** Entscheidung
3 **a** Kluger **b** Kreativen **c** Vernünftige **d** Sparsamen
4 **b** Kollegen **c** Mensch **d** Studenten **e** Herrn

Test 2

1 **3** falsch **4** a **5** richtig **6** c **7** falsch **8** c
2 **2** Helga **3** Sascha **4** Melissa **5** Sascha **6** Sascha **7** Marion **8** Melissa
3 **Beispiel:** Ich habe Lara vor drei Wochen kennengelernt. Sie ist eine neue Kollegin. Wir arbeiten also zusammen. Sie sieht natürlich super aus. Aber am besten gefällt mir, dass sie so aufmerksam ist. Darum fühle ich mich so wohl mit ihr. Ich würde dich auch gern treffen. Vielleicht am Wochenende? Dann erzähl ich dir mehr. Viele Grüße
4 **b** keinen besseren **c** vor drei Jahren **d** den ich kenne **e** Besonders großen Respekt **f** Niemand ist so **g** für mich besonders wichtig

Lektion 2

Test 1

1 **b** vorgestellt **c** übernehmen **d** duzen **e** beschäftigt **f** zurechtkommen
2 **b** Überstunden **c** Leiter **d** Gelegenheit **e** Gehalt **f** brutto
3 **b** ging **c** führte **d** fand **e** waren **f** erklärten **g** gefiel **h** mochte

Test 2

1 **2** b **3** a **4** b **5** c
2 **2** falsch **3** falsch **4** falsch **5** richtig **6** richtig
3 **Beispiel:** Mein Tag in der neuen Firma war zwar anstrengend, aber trotzdem erfolgreich. Besonders gut gefiel mir das Betriebsklima. Den Chef fand ich sehr angenehm. Die Kollegen waren alle sehr hilfsbereit. Nur das Mittagessen war sehr schlecht. Insgesamt gefiel mir der erste Tag sehr gut.
4 **b** großen Spaß **c** so viel erwartet **d** enttäuscht **e** insgesamt **f** ganz wohlgefühlt
5 (von oben nach unten) 2, 3, 1, 5, 6, 4

Lektion 3

Test 1

1 **b** die Innenstadt **c** der Hausmeister **d** der Wohnungsmangel **e** der Vorort **f** die Eigentumswohnung
2 **b** die Illustrierte **c** der Makler **d** der Ofen **e** die Rolle
3 **b** der **c** dem **d** denen **e** denen **f** dem
4 **b** die **c** der **d** denen **e** den

Test 2

1 **2** Katharina **3** Sarah **4** Sarah **5** Katharina **6** Katharina
2 **2** E **3** A **4** D **5** X **6** F **7** C
3 **Beispiel:** Hi, ja, in meinem Block sind zwei kleine Wohnungen frei. Der Block besteht aus acht Stockwerken mit je fünf Wohnungen. Die meisten haben einen Balkon. Ich finde, man wohnt hier angenehm. Es ist ruhig, aber man wohnt trotzdem zentral. Die Wohnungen haben 45 m² und kosten 650 Euro inklusive Nebenkosten. Brauchst du mehr Infos? Dann melde dich! Viele Grüße
4 **b** 25 Prozent **c** etwa **d** 20 Prozent **e** 66,6 Prozent **f** fast
5 **b** meisten **c** zwei Drittel **d** knapp drei Viertel **e** gut die Hälfte

Lektion 4

Test 1

1 **b** Absender **c** Datum **d** Apparat **e** Auskunft
2 **b** gespeichert **c** erhalten **d** enttäuscht **e** verbunden

Menschen A2, Testtrainer 978-3-19-031902-2 © Hueber Verlag

3 **b** obwohl ich genau zugehört habe
c obwohl ich gar nicht telefoniere
d obwohl ich die Farbe nicht perfekt finde

4 **b** Obwohl ich die Taste gedrückt habe
c Trotzdem sind wir enttäuscht. **d** Trotzdem finde ich sie nicht.

Test 2

1 3 richtig **4** b **5** falsch **6** a **7** richtig **8** c
9 richtig **10** a

2 **a** hat sie sich für ein Nichtraucherzimmer entschieden. **b** gab es kein Nichtraucherzimmer mehr. **c** dass der Service im Hotel nicht besonders gut war. **d** dass sie in einem Raucherzimmer schlafen musste. **e** dass das Hotel ihr kein Geld zurückgegeben hat.

3 **Beispiel:** Sehr geehrte Damen und Herren, ich habe am 4. Juni online ein Smartphone bei Ihnen bestellt. Auf Ihrer Homepage stand, dass Sie das Smartphone schicken, wenn die Rechnung bezahlt ist. Obwohl ich sofort online mit Kreditkarte bezahlt habe, ist das Smartphone noch nicht gekommen. Ich bin mit Ihrem Service nicht zufrieden. Schicken Sie mir das Smartphone in den nächsten fünf Tagen. Sonst möchte ich mein Geld zurück. Mit freundlichen Grüßen

4 **b** wie kann ich Ihnen helfen? **c** Für Bestellungen **d** Einen Moment bitte **e** bleiben Sie am Apparat **f** Hören Sie **g** die Kollegin ist außer Haus **h** Ich gebe Ihnen die Durchwahl

Lektion 5

Test 1

1 **b** Festplatte **c** Laufwerk **d** Tastatur **e** Maus **f** Technik

2 **b** die Warnung **c** die Anstrengung **d** die Überzeugung **e** der Transport **f** die Vermutung

3 **b** Du **wirst** dich jetzt bitte mehr **anstrengen!** **c** In 20 Jahren **wird** es vermutlich keine Kinos mehr **geben.** **d** Ab morgen **werden** wir jeden Abend Gymnastik **machen.** **e** Ihr **werdet** jetzt sofort nach Hause **kommen.** **f** Ich vermute, dass das Klima in 50 Jahren ganz anders **sein wird** als heute. **g** Es **wird** in Zukunft immer mehr Lieferservices **geben.** **h** Die Supermärkte **werden** sie nach Hause **liefern.** **i** Heute regnet es, aber morgen **wird** wohl die Sonne wieder **scheinen.**
j Ihr **werdet** jetzt sofort den Computer **ausmachen! k** Sie **wird** in Zukunft mehr auf ihre Ernährung **achten.**

Test 2

1 2 Moderator **3** Nina Luge **4** Nina Luge **5** Frank März **6** Frank März **7** Moderator **8** Nina Luge

2 2 falsch **3** falsch **4** richtig **5** richtig **6** richtig **7** falsch

3 **Beispiel:** Wir waren Silvester auf einer großen Party. Und wir haben auch viele Vorsätze für das neue Jahr. Ich werde weniger Alkohol trinken und mehr Salat essen. Andrea und ich werden jeden Abend Yoga machen. Und die ganze Familie wird jeden Samstag die Wohnung aufräumen und putzen.

4 **a** Das halte ich für unmöglich **b** Ich glaube, in zehn Jahren wird – Dazu gibt es wohl keine Alternative **c** Vermutlich werden – Ich kann mir nicht vorstellen, dass

Lektion 6

Test 1

1 **b** senkrecht **c** sinnlos **d** gleich **e** außen **f** es eilig haben

2 **b** der Nachtisch **c** die Erkältung **d** die Kommunikation **e** die Kantine

3 **b** informiere **c** verbracht **d** verhält **e** beachten **f** ablehne

4 **b** Entschuldigen Sie sich beim Gastgeber, falls Sie das Fest früher verlassen müssen. **c** Falls das Wetter schön wird, können wir am Wochenende zusammen Vögel

Menschen A2, Testtrainer 978-3-19-031902-2 © Hueber Verlag

beobachten. **d** Ruft die Eltern an, falls ihr zu spät kommt. **e** Falls ihr es eilig habt, könnt ihr die Nachspeise ablehnen. **f** Falls ich dir einen Wunsch erfüllen kann, sag es mir einfach.

Test 2

1 **2** falsch **3** richtig **4** falsch **5** falsch **6** falsch **7** richtig **8** falsch **9** richtig

2 **2** c **3** b **4** a **5** c

3 **Beispiel:** herzlichen Dank für Ihre Einladung. Ich freue mich sehr. Ich komme gern und bringe meine Frau mit. Es ist nett, dass Sie nach Sonderwünschen fragen. Meine Frau ist Vegetarierin und ich habe eine Allergie gegen Weizen. Aber wir möchten keine Umstände machen! Herzliche Grüße

4 **b** Danke. Das ist aber ein schöner Strauß! **c** Gern geschehen. **d** Schon? Bleiben Sie doch noch. **e** Ja, gern. Hm, das sieht aber lecker aus. **f** Vielen Dank. Das freut mich sehr!

5 **b** Es tut mir leid, allergisch **c** eine Allergie **d** Wenn es Sie nicht stört **e** Wenn es keine Umstände macht

Lektion 7

Test 1

1 **b** die Entscheidung **c** die Bewegung **d** die Beratung **e** der Rat **f** der Unterschied **g** der Hinweis

2 **b** tagsüber **c** frei haben **d** momentan **e** ernsthaft **f** etwa

3 **b** Sie glaubt, mit dem Hund viel Spaß zu haben. **c** Sie hört nicht auf, von einem Hund zu reden. **d** Sie findet es nicht schön, allein zu sein. **e** Sie hat viel Zeit, mit ihm rauszugehen.

4 **b** auszugeben **c** nachdenken **d** zu schwitzen **e** zu kaufen **f** rechnen

Test 2

1 **b** zu diesem Thema geschrieben. **c** lernen viel. **d** haben aber nicht unbedingt Nach-

teile. **e** haben den Wunsch nach einem Haustier. **f** dass Kinder die Tiere anfassen können. **g** wenn das Tier der ganzen Familie Freude macht.

2 **richtig:** 2, 4, 6, 7

3 **Beispiel:** In zwölf Prozent der Haushalte gibt es Hunde. In sieben Prozent der Haushalte leben Vögel und sechs Prozent haben Fische oder Kaninchen. Die Schweizer geben pro Jahr 295 Millionen Franken für ihre Katzen aus. Das sind etwa 275 Millionen Euro. 115 Millionen Franken bezahlen sie für ihre Hunde. Und die Vögel kosten pro Jahr 50 Millionen Franken.

4 **b** eine Kaffeemaschine anschaffen **c** einiges zu beachten **d** Ihren Rat **e** im Angebot **f** würde ich Ihnen diese empfehlen

5 **b** Ich möchte mich nur mal umsehen **c** Darum möchte ich mir neue Schuhe anschaffen **d** Da muss ich Ihnen gleich sagen **e** Sie sollten bedenken **f** Ich habe mich schon entschieden

Lektion 8

Test 1

1 **b** der Krankenpfleger **c** der Handwerker **d** der Feierabend **e** die Langeweile

2 **b** Lösung **c** Ergebnis **d** Freiheit **e** Psychologie

3 **b** da ich gern mit den Händen arbeite. **c** da ich gern etwas Neues erfinde. **d** da ich sonst Stress bekomme. **e** da ich sehr kontaktfreudig bin.

4 **b** während **c** bevor **d** bevor **e** während

Test 2

1 **2** c **3** b **4** a **5** c **6** b

2 **2** Ralf **3** Michael **4** Sabine **5** Miriam **6** Michael **7** Michael

3 **Beispiel: Meine Stärken:** Ich lerne schnell, bin selbstständig und kann gut allein arbeiten. Wenn es ein Team gibt, kann ich aber auch mit anderen zusam-

Menschen A2, Testtrainer 978-3-19-031902-2 © Hueber Verlag

men arbeiten. Ich bin ordentlich und kann gut organisieren. Darum bin ich auch immer pünktlich und zuverlässig. Ich helfe anderen Menschen sehr gern. **Meine Schwächen:** Ich bin etwas schüchtern und nicht besonders kontaktfreudig. Leider bin ich handwerklich nicht sehr begabt und auch nicht sehr kreativ.

4 **b** wirklich nicht erwartet. **c** meinen Fähigkeiten. **d** passt das Ergebnis nicht. **e** bin ich eher nicht geeignet. **f** dass ich technisch begabt bin.

Lektion 9

Test 1

1 **b** Nahrungsmittel **c** Freien **d** Schachtel **e** berichten **f** schließen **g** Mahlzeit **h** Arbeitnehmer
2 **b** schaden **c** Nichtraucherin **d** Verhältnis **e** Netzwerk **f** Übungen **g** Zusammenhang **h** Situationen
3 **b** größeren **c** bequemste **d** neuesten **e** weniger **f** längeren **g** beste **h** wichtigste

Test 2

1 2 falsch 3 richtig 4 falsch 5 falsch 6 richtig 7 richtig 8 falsch 9 richtig
2 2 **b** 3 **a** 4 **b** 5 **a**
3 **Beispiel:** mir geht es gut, danke! Es tut mir leid, dass es dir nicht so gut geht. Ich helfe dir natürlich gern. Für mich sind regelmäßige Mahlzeiten und gesunde Nahrungsmittel wichtig. Außerdem versuche ich, viel an der frischen Luft zu sein. Machst du Sport? Ich mache seit zwei Jahren Yoga – und habe jetzt keine Kopfschmerzen mehr. Kurze Entspannungsübungen sind auch gut gegen Stress. Soll ich dir welche zeigen? Wenn du möchtest, können wir uns gern treffen. Liebe Grüße
4 **b** Zuerst möchte ich erläutern, … **c** Sie können jetzt gern Fragen stellen. **d** Meiner Ansicht nach … **e** Ich habe die

Erfahrung gemacht, dass … **f** Besten Dank für Ihre Aufmerksamkeit.
5 (von oben nach unten) 2, 5, 4, 6, 1, 3

Lektion 10

Test 1

1 **b** verpassen **c** stehen **d** vergessen **e** waschen **f** stecken lassen **g** starten
2 **b** Viertelstunde **c** lügen **d** nass **e** Strecke **f** Rede
3 **b** Wäre ich doch bloß früher aufgestanden **c** Hätte ich doch bloß Geld mitgenommen **d** Hätte ich doch bloß eine Idee gehabt **e** Hätte ich doch bloß die Wahrheit gesagt **f** Hätte ich doch bloß die Rechnung geprüft **g** Wäre ich doch bloß langsamer gefahren

Test 2

1 **richtig:** 4, 6, 7, 9
2 2 **e** 3 **d** 4 **X** 5 **a** 6 **c**
3 **Beispiel:** das tut mir leid. Das ist wirklich sehr ärgerlich. Vielleicht kannst du die Prüfung bald wiederholen? Wir können zusammen üben, dann klappt es bestimmt beim nächsten Mal. Ich habe meine Führerscheinprüfung auch zweimal gemacht. Alles im Leben hat einen Sinn.
4 **b** das verstehe ich **c** wirklich dumm gelaufen **d** Nicht zu glauben **e** Alles im Leben hat einen Sinn **f** da kann man wohl nichts machen **g** vielleicht klappt es ja ein anderes Mal

Lektion 11

Test 1

1 **a** genießen **b** laufen, aufgegeben **c** verboten, frieren **d** aufwache **e** mitgeteilt
2 **b** lächeln **c** Kasse **d** sauer **e** außer **f** Bürgersteig
3 **b** Nachdem ich mit meiner Lehrerin über die Prüfung gesprochen hatte, hatte ich

Menschen A2, Testtrainer 978-3-19-031902-2 © Hueber Verlag

ein besseres Gefühl. **c** Nachdem ich die Prüfung bestanden hatte, habe ich meine Freunde zu einer Party eingeladen. **d** Nachdem ich die Einladung per SMS abgeschickt hatte, habe mir ein neues Kleid gekauft. **e** Nachdem ich zu Hause angekommen war, habe ich für meine Gäste gekocht. **f** Nachdem sich alle Gäste verabschiedet hatten, habe ich mich sofort ins Bett gelegt.

Test 2

1 **2** Anja **3** Bernd **4** niemand **5** Beate **6** Beate
2 **b** dass ein Lehrer ihn gelobt hat. **c** dass eine Frau sich über Blumen gefreut hat. **d** dass sie zu einer Feier eingeladen ist. **e** dass er eine berühmte Schauspielerin gesehen hat. **f** dass ein Film mit einer tollen Schauspielerin sie sehr berührt hat.
3 **Beispiel:** Das war, als ich meine Freundin kennengelernt und mich verliebt habe. Wir haben uns letztes Jahr im Urlaub kennengelernt. Ich habe mich ganz leicht gefühlt. Es war einfach nur toll.
4 **b** Das finde ich sehr berührend. **c** Das verstehe ich gut. **d** Das ist eine sehr schöne Erfahrung. **e** Das hätte ich auch toll gefunden.
5 **b** mich … sehr gefreut **c** gut nachvollziehen **d** berührt mich **e** finde … besonders

Lektion 12

Test 1

1 **b** die Verbesserung **c** die Sicherheit **d** die Wahl **e** die Vorstellung
2 **a** Gewerkschaft, Mühe, Herausforderung **b** Broschüre, Wahl, Politik, Wetterbericht
3 **b** des Wetterberichts **c** der Wahl **d** dieses Artikels **e** dieses Problems / dieser Probleme **f** dieses Pkws
4 **b** Trotz des leckeren Buffets **c** Trotz der langen Staus **d** Trotz der zahlreichen Verbesserungen **e** Trotz der großen Hoffnung **f** Trotz des schönen Biergartens

Test 2

1 **2** a **3** c **4** b **5** a **6** c
2 **2** falsch **3** falsch **4** richtig **5** falsch **6** falsch
3 **Beispiel:** Vielen Dank für Ihren Brief. Ich habe mich sehr über Ihre Einladung gefreut. Leider kann ich am 15. Mai nicht mit Ihnen feiern. Ich bin im Urlaub. Das tut mir leid. Vielleicht feiern wir nach meinem Urlaub noch ein bisschen? Ich wünsche Ihnen ein schönes Fest. Herzliche Grüße
4 **b** sehr darüber gefreut **c** Leider **d** sehr über Ihre Einladung gefreut **e** Herzlichen Dank **f** Über eine schnelle Antwort **g** im Voraus **h** bitte bald von Ihnen zu hören **i** vielen Dank für Ihre Mühe **j** grüßen Sie bitte

Lektion 13

Test 1

1 **b** das Standesamt **c** der Kursleiter **d** der Briefträger **e** der Rechtsanwalt **f** die Durchsage
2 **b** reden **c** missverstanden **d** erschrocken **e** besorge
3 **b** Wegen **c** nämlich **d** Darum **e** nämlich
4 **b** eines kleinen Missverständnisses **c** des Streits **d** dieser Verspätung

Test 2

1 **2** die Wortbedeutung **3** die Betonung **4** die Aussprache **5** die Übersetzung
2 **b** Warum verstehen wir uns oft nicht richtig? **c** Ein Beispiel aus dem Alltag **d** Aus einem Missverständnis wird ein Streit **e** Immer wieder Fragen stellen
3 **Beispiel:** Ich war einmal in einem Supermarkt und wollte Hähnchen kaufen. Leider kann ich das „h" nicht so gut sprechen. Die Verkäuferin hat mich nicht verstanden. Ich habe immer „Ähnchen" gesagt. Dann hat die Verkäuferin ihren Kollegen gefragt. Zum Glück hat er mich verstanden. Wir haben gelacht, obwohl mir die Geschichte sehr peinlich war.

Menschen A2, Testtrainer 978-3-19-031902-2 © Hueber Verlag

4 (von oben nach unten) 3, 2, 7, 1, 4, 5, 6, 8

5 **b** Könnten Sie mir das Wort bitte erklären? **c** Könnten Sie das bitte buchstabieren? **d** Daher kann ich Sie nur schlecht verstehen. **e** Ich frage, weil ich dem Gespräch nicht folgen konnte.

Lektion 14

Test 1

1 **b** der Rest **c** die Gefahr **d** der Eindruck **e** der Geschmack

2 **b** Himmelsrichtung **c** Fantasie **d** Kultur **e** Talent **f** Möglichkeiten

3 **b** vorbereitender **c** ausgewählte **d** Fehlende **e** funktionierenden

4 **a** passendes, gebackene, ausgewählten **b** herausforderndes, anstrengender, umfassendes, überzeugende

Test 2

1 **richtig:** 2, 5, 7

2 **2** 23564 **3** 23539 **4** 23141 **5** X **6** 24167

3 **Beispiel:** Lieber Herr Meier, ich habe mich für Ihren Gymnastikkurs (Nr. 7642) angemeldet. Leider kann ich zum ersten Termin am 7. September wegen eines wichtigen Arzttermins nicht kommen. Bitte entschuldigen Sie. In der zweiten Woche nehme ich auf jeden Fall am Kurs teil. Ich freue mich schon! Mit freundlichen Grüßen

4 **b** möchten **c** Dieser Kurs … für alle **d** kennen **e** haben … Möglichkeit **f** Vorkenntnisse … notwendig

Lektion 15

Test 1

1 **b** geben **c** veröffentlichen **d** einstellen **e** übertragen **f** anhaben

2 **b** Konto **c** Fleck **d** Recherche **e** Betreuung **f** Unternehmen **g** Schrift

3 **b** Ich kann nicht nur gut organisieren, sondern auch ein Team leiten. / Ich kann sowohl gut organisieren als auch ein Team leiten. **c** Ich bin nicht nur kreativ, sondern auch kontaktfreudig. / Ich bin sowohl kreativ als auch kontaktfreudig. **d** Ich komme nicht nur mit modernen Kommunikationsmitteln, sondern auch mit Datenbanken gut zurecht. / Ich komme sowohl mit modernen Kommunikationsmitteln als auch mit Datenbanken gut zurecht.

Test 2

1 **3** richtig **4** b **5** falsch **6** a **7** richtig **8** c

2 **b** um eine Stelle als Verkäuferin. **c** mit der Arbeit als Verkäuferin. **d** weil sie bald umzieht. **e** dass ihr der Kontakt zu Kunden gut gelingt.

3 **Beispiel:** habe ich Ihre Stellenanzeige für eine Servicekraft im Fitnessstudio gelesen. Da die Beschreibung meinen Vorstellungen entspricht, bewerbe ich mich hiermit um die Stelle. Ich habe eine Ausbildung als Einzelhandelskaufmann abgeschlossen. Danach konnte ich Berufserfahrungen als Servicekraft an einer Tankstelle sammeln. Dort gehörte die Betreuung und Beratung der Kunden zu meinen Aufgaben. Ich bin kontaktfreudig und engagiert. Außerdem kann ich gut organisieren. Da ich ledig bin, ist Wochenendarbeit für mich kein Problem. Sollten Sie noch Fragen haben, rufen Sie mich gern an. Über eine Einladung zu einem Gespräch würde ich mich sehr freuen.

4 **b** Ich habe im Internet recherchiert. **c** Ja, ich habe schon fünf Jahre in verschiedenen Cafés und Restaurants gearbeitet. **d** Ich möchte mich gern weiterentwickeln. **e** Ja, ich denke, dass ich bei Ihnen viele Möglichkeiten habe. **f** Ich erledige meine Aufgaben immer sehr zuverlässig.

Menschen A2, Testtrainer 978-3-19-031902-2 © Hueber Verlag

Lektion 16

Test 1

1 **b** die Lüge **c** die Schminke **d** der Streit **e** die Erziehung **f** der Kuss
2 **b** Konflikte **c** Generation **d** Ratschlag **e** verantwortlich
3 **b** Du braucht abends nicht zu telefonieren. **c** Du brauchst deine Haare jetzt nicht zu waschen. **d** Du brauchst wochentags nicht auszugehen.
4 **b** / **c** zu **d** zu **e** /

Test 2

1 2 Moderator 3 Frau Kuhn 4 Moderator 5 niemand 6 Frau Kuhn 7 niemand
2 2 Thomas 3 Mira 4 Claudia 5 Mira 6 Thomas
3 **Beispiel:** Mein Sohn kommuniziert auch den ganzen Tag über WhatsApp. Er guckt dauernd auf sein Smartphone. Ich glaube, die jungen Leute brauchen Hilfe. Sie müssen erst lernen, wie man mit den sozialen Medien richtig umgeht. Ein großes Problem ist, dass sich die Jugendlichen schnell langweilen. Sie brauchen immer neue Informationen. Ich lege großen Wert darauf, dass mein Sohn immer wieder Pausen macht.
4 **b** nicht infrage. **c** ehrlich gesagt genauso. **d** wirklich nicht verstehen. **e** kaum mehr vorstellbar. **f** uns heute immer noch gut vorstellen.
5 **b** legte größten Wert **c** ging, so oft ich konnte **d** es kaum erwarten **e** wichtigsten war mir

Lektion 17

Test 1

1 **a** gegründet **b** geblitzt **c** kämpfe **d** verhaftet **e** anerkennen
2 **b** der Diebstahl **c** der Geburtsort **d** das Menschenrecht **e** der Heiratsantrag
3 **a** es fällt **b** gibt es, lohnt es **c** es wird **d** geht es **e** wird es **f** es ist, es lohnt

Test 2

1 2 richtig 3 falsch 4 falsch 5 falsch 6 richtig
2 **b** 14. Juli 1862 **c** Wien **d** Maler/Künstler **e** Wiener Secession **f** 1905 **g** Kaiserpreis **h** 1905 **i** „Der Kuss"
3 **Beispiel:** meine Großmutter. Sie hieß Gertrud Franke und wurde am 18. Juli 1920 in Wuppertal geboren. Ihre Eltern hatten einen Bauernhof und sie hatte sieben Geschwister. Ihre Kindheit und Jugend war nicht einfach. Sie wollte immer schon Lehrerin werden, aber ihre Eltern wollten nicht, dass sie studiert. Sie ist deshalb allein nach Köln gezogen und hat Deutsch und Musik studiert. Später hat sie dort als Lehrerin gearbeitet. Sie ist oft nach Asien gereist. Sie hat nie geheiratet, aber sie hatte zwei Kinder. Sie war eine starke und humorvolle Frau. Sie ist am 4. März 1995 in Köln gestorben.
4 **b** Nach dem Studium gewinnt **c** Im März 1964 startet **d** nach der Trennung **e** Ab 1977 lebt **f** im Februar 2007 **g** stirbt mit 80 Jahren in **h** zwei Wochen vorher hatte

Lektion 18

Test 1

1 die Bildung, der Datenschutz, die Finanzen, die Forschung, der Frieden, die Gesundheit, die Sicherheit, der Tierschutz, die Wirtschaft
2 **b** Wahl, Regierung **c** Parlament **d** Opposition **e** Minister **f** Demonstrationen
3 **b** weder ... noch **c** Entweder ... oder **d** zwar ... aber **e** Entweder ... oder **f** weder ... noch
4 **b** Stud**ent** **c** Wissenschaftl**er** **d** Zufrieden**heit** **e** Praktik**ant** **f** Optim**ismus**

Test 2

1 **richtig:** 2a, 3b, 4b
2 **richtig:** 2, 4, 6
3 **Beispiel:** Ich denke nicht, dass sich die Jugendlichen heute nur für sich selbst

Menschen A2, Testtrainer 978-3-19-031902-2 © Hueber Verlag

interessieren. Ich kenne viele junge Menschen, die sich engagieren. Sie arbeiten in sozialen Einrichtungen und helfen zum Beispiel Flüchtlingen. Natürlich haben die Jugendlichen heute andere Interessen als früher. Das Internet ist ihnen wichtig. Aber sie legen auch großen Wert auf Tier- und Naturschutz, leben vegetarisch und versuchen, sich gesund zu ernähren. Ich glaube, bei diesem Thema sind sie viel engagierter als die Erwachsenen.

4 **b** Das finde ich sehr gut. **c** Meiner Ansicht nach … **d** Unbedingt! **e** Ganz meiner Meinung.

5 **b** Nein, auf keinen Fall. **c** Dagegen spricht zum Beispiel, dass **d** Das ist doch Unsinn! **e** Meiner Ansicht nach **f** Ganz meine Meinung.

Lektion 19

Test 1

1 **b** der Honig **c** die Wolle **d** die Landwirtschaft **e** der Campingplatz

2 **b** Tradition **c** Jahrhundert **d** Sport treiben **e** Übernachtung **f** Nebensaison **g** leisten

3 **b** Je teurer die Übernachtung ist, desto mehr erwarten wir von dem Hotel. **c** Je mehr sich ereignet, desto spannender finden wir den Urlaub. **d** Je mehr Sport wir treiben, desto besser erholen wir uns. **e** Je besser das Wetter im Urlaub ist, desto dankbarer sind wir.

4 **b** dieselben **c** dasselbe **d** derselben **e** demselben

Test 2

1 2 a 3 c 4 a 5 b 6 b

2 **richtig:** 4, 6

3 **Beispiel:** Martin und ich sind im Urlaub in Österreich. Wir sind von Hamburg nach Salzburg geflogen und haben dort ein Auto gemietet. Wir haben hier eine schöne Zeit. Wir fahren durch die Berge und bleiben, wo wir es schön finden. Gestern waren wir

am Wolfgangsee und haben in der Sonne gelegen. Wenn das Wetter so gut bleibt, fahren wir morgen auf die Postalm. Sollen wir uns nach dem Urlaub mal wieder treffen? Das wäre doch schön! Liebe Grüße

4 **b** Ich würde gern wissen **c** Gibt es denn auch **d** ich habe noch eine Frage **e** Wissen Sie eigentlich

Lektion 20

Test 1

1 **b** bekannt geben **c** umgehen **d** dienen **e** sorgen **f** ausziehen

2 **b** dauernd **c** wesentlich **d** untersagt **e** ausreichend

3 **b** indem **c** indem **d** sodass

4 **b** indem Sie langsam anfangen **c** sodass Sie an den folgenden Tagen noch Kraft haben **d** sodass Sie im Notfall Ihr Rad reparieren können **e** indem Sie sich eine Radkarte besorgen

Test 2

1 **richtig:** 2, 5, 6; **falsch:** 3, 4

2 **b** Reservierung empfohlen **c** Mitglied werden **d** Ihr Aufenthalt **e** Bitte helfen Sie uns! **f** Das geht nicht **g** Gute Nacht **h** Ihre Abreise

3 **Beispiel:** Und ich bin total begeistert. Ich hatte ein wunderschönes großes Zimmer. Vom gemütlichen Balkon hatte ich eine fantastische Aussicht auf die Berge. Besonders gut hat mir der aufmerksame Service gefallen. Auch das Frühstück war toll. Es gab eine große Auswahl an Speisen und Getränken. Und das Essen war wirklich lecker. Ich komme gern wieder. Danke für Ihre Gastfreundschaft!

4 **b** größten Wert. **c** wie man das sieht. **d** unheimlich wichtig. **e** nicht sehr viel. **f** aus verschiedenen Gründen ab.

5 **b** größten Wert darauf **c** kann man schon verlangen **d** Wesentlich wichtiger **e** Die Hauptsache ist **f** lehne ich

Menschen A2, Testtrainer 978-3-19-031902-2 © Hueber Verlag

Lektion 21

Test 1

1 **b** der Kredit **c** der Gast **d** der Zustand
   e das Gebäck
2 **b** einzahlen **c** besetzt **d** schuldlos **e** Miss-
   erfolg **f** schweigen
3 **b** am Rhein entlang **c** um das Gebäude
   herum **d** an der Rezeption entlang **e** um
   die Garderobe herum **f** an der Mauer
   entlang **g** an diesem See entlang
4 **b** Es darf nur leise geredet werden.
   c Popcorn und Eis können im Kino gekauft
   werden. **d** Es sollen keine eigenen Getränke mitgebracht werden.

Test 2

1 2 ~~schon lange~~ noch nicht 3 ~~Innenstadt~~
   Altstadt 4 ~~Kunst~~ Musik 5 ~~alle zwei Jahre~~
   jedes Jahr / jährlich 6 ~~Tanzveranstaltun-
   gen~~ Konzerte
2 2 Kerstin 3 Andreas 4 Dietmar 5 Ruth
   6 Andreas
3 **Beispiel:** ich würde nach Toulouse fliegen.
   Das ist eine sehr hübsche Stadt mit einer
   tollen Atmosphäre. Sie wird auch „die rosa
   Stadt" genannt, weil viele alte Häuser rosa
   sind. Dort gibt es auch ein tolles Kunstmuseum, die Fondation Bemberg. Wenn Du
   Dich für Flugzeuge interessierst, kannst
   Du die Aeroscopia besuchen. Von Toulouse
   bist Du schnell am Meer und in den
   Bergen. Im Juli gibt es in der Stadt ein
   Tango-Festival. Liebe Grüße
4 **b** = **c** ≠ **d** ≠ **e** = **f** =
5 **b** meisten beeindruckt **c** gutes kulturelles
   d fantastisches Gebäude **e** interessan-
   ten Ecken **f** die nettesten **g** immer einen
   Besuch

Lektion 22

Test 1

1 **b** der Protest **c** die Flucht **d** der Verlust
   e der Bau **f** die Einführung

2 **b** Union **c** fordert **d** protestiert **e** geneh-
   migt **f** Ursache **g** Bau **h** Flucht
3 **b** Die EU ist damals von zwölf Staaten
   gegründet worden. **c** Wichtige Grundlagen
   der EU wurden im Vertrag von Maastricht
   vereinbart. **d** Seit 1993 sind viele weitere
   Staaten in die EU aufgenommen worden. **e**
   1999 wurde in vielen EU-Staaten eine
   gemeinsame Währung eingeführt. **f** 2013
   wurde Kroatien in die EU aufgenommen.

Test 2

1 **b** Geschichte lebendig zu machen. **c** mit
   Zeitzeugen über ein historisches Ereignis
   zu reden. **d** statt allgemeine Fakten zu
   sammeln. **e** um von ihren Erlebnissen zu
   erzählen. **f** um ihren Unterricht spannender zu gestalten.
2 2 Susanne 3 Rabea 4 Thorsten 5 Susanne
   6 Thorsten
3 **Beispiel:** Für mich ist der 1. August 2013
   ein ganz besonderer Tag. Der 1. August ist
   ja der Nationalfeiertag in der Schweiz.
   2013 habe ich diesen Feiertag zum ersten
   Mal in Zürich erlebt. Ich wusste nicht, was
   die Menschen da auf den Straßen feiern,
   aber die Stimmung hat mir sehr gut
   gefallen. Abends gab es ein großes Feuer-
   werk am See. Da habe ich einen netten
   Mann kennengelernt. Dieser romantische
   Abend hat mein Leben verändert! Heute
   sind wir verheiratet.
4 **b** muss sehr spannend gewesen sein
   c bestimmt eine tolle Zeit **d** schon immer
   interessiert **e** hätte das auch gern erlebt
   f mir das noch nie vorstellen **g** am liebsten hätte ich

Lektion 23

Test 1

1 **b** die Steckdose **c** die Badewanne **d** der Zug
   e die Kreuzung
2 **b** verbrauchen **c** bemühe **d** verschlechtert
   e festgestellt **f** konsumiert

Menschen A2, Testtrainer 978-3-19-031902-2 © Hueber Verlag

3 b Zieh lieber einen Pullover an, statt die Heizung anzumachen. Zieh lieber einen Pullover an, statt dass du die Heizung anmachst. **c** Man kann auch gut leben, ohne der Umwelt zu schaden. Man kann auch gut leben, ohne dass man der Umwelt schadet. **d** Ich versuche, mobil zu sein, ohne viel Energie zu verbrauchen. Ich versuche, mobil zu sein, ohne dass ich viel Energie verbrauche. **e** Wir müssen etwas für die Umwelt tun, statt auf Gesetze zu warten. Wir müssen etwas für die Umwelt tun, statt dass wir auf Gesetze warten.

Test 2

1 3 falsch **4** b **5** richtig **6** a **7** richtig **8** c
2 richtig: 2, 5, 6
3 Beispiele: Thema A: Natürlich braucht man auch in der Stadt ein Auto! Ich habe drei Kinder. Ich kann mir nicht vorstellen, ohne Auto einkaufen zu gehen. So viel kann ich gar nicht tragen! Ich finde es außerdem gefährlich, in der Stadt Fahrrad zu fahren. Es gibt zwar Radwege, aber die Autofahrer nehmen nicht viel Rücksicht. Ich möchte nicht, dass meine Kinder in der Stadt mit dem Rad unterwegs sind. **Thema B:** Ich denke, man kann mit Carsharing viel Geld sparen. Das lohnt sich bestimmt, wenn man das Auto nicht so oft braucht. Außerdem muss man sich nicht um das Auto kümmern, wenn es kaputt ist. Das finde ich sehr angenehm. Allerdings muss man viel besser planen, wann man mal ein Auto braucht. Mit einem eigenen Auto hat man mehr Freiheit und ist flexibler. **Thema C:** Ich denke, es gibt viele Möglichkeiten, wenn man ohne eigenes Auto mobil sein möchte. Man kann viel mit dem Fahrrad fahren. Auch die öffentlichen Verkehrsmittel sind sehr bequem, vor allem, wenn man in der Stadt wohnt. Oft gibt es Sonderangebote von der Bahn. Wenn man früh bucht, kann man günstig verreisen. Natürlich ist auch das Carsharing eine gute Möglichkeit.

4 b voll und ganz **c** da kann ich ... zustimmen **d** ärgerst du dich denn **e** Macht dir das nichts aus **f** Davon halte ich nicht viel **g** mein Standpunkt **h** interessiert mich nicht **i** ist mir ganz egal

Lektion 24

Test 1

1 b klagen **c** anzünden **d** begründen **e** zweifeln **f** verändern
2 b Distanz **c** Wirklichkeit **d** Reihe **e** anwesend
3 b um die Umwelt zu schützen. **c** damit die Bauern faire Preise bekommen. **d** um etwas dagegen tun zu können. **e** um Prozesse zu verstehen und mitzubestimmen.
4 b Umweltschutz nicht wichtig wäre **c** du nie Zweifel hättest **d** du mich nicht hören könntest

Test 2

1 richtig: 3, 5, 8
2 2 a 3 b 4 c 5 c 6 a
3 Beispiel: mir geht es gut. Ich habe auch schon überlegt, ob ich in einem Mehrgenerationenhaus leben möchte. Aber zu mir passt das nicht. Ich brauche einfach viel Ruhe. Ich glaube aber, dass es sinnvoll ist, wenn mehrere Generationen zusammenleben. Die jungen Menschen können von den Erfahrungen der älteren lernen. Die älteren Menschen lernen Neues von den jungen! Voraussetzung ist aber, dass man sich gut versteht. Sonst wird das Zusammenleben schnell schwierig. Liebe Grüße
4 a dann haben wir keine andere Wahl, Ist es realistisch, Für mich besteht kein Zweifel daran, Die Sache ist ganz einfach **b** Meiner Überzeugung nach, dass es dazu keine Alternative gibt, Wir können nicht so tun

Menschen A2, Testtrainer 978-3-19-031902-2 © Hueber Verlag

Lektion 1

1

Frau: Ich bin so froh, dass Anja meine Freundin ist. Sie ist wirklich toll – und so lustig.
Mann: Wie lange kennt ihr euch denn schon?
Frau: Fast zwei Jahre. Wir haben uns damals beim Sport kennengelernt. Ich mag auch ihre Abenteuerlust und ihren Mut. Sie war zwei Wochen allein in Afrika.
Mann: Ist irgendetwas nicht perfekt an ihr?
Frau: Nein, gar nichts.

2

Mann: Ich habe nicht viele Freunde. Vielleicht bin ich ja zu kritisch.
Frau: Warum? Wartest du auf den perfekten Freund?
Mann: Nein, natürlich nicht … Aber ein guter Freund muss klug, großzügig und aufmerksam sein. Und ordentlich. Ich mag es nicht, wenn …
Frau: Hm. Glaubst du nicht, dass du vielleicht ein bisschen schwierig bist?
Mann: Ich? Schwierig? Auf gar keinen Fall!

3

Frau: Freunde sind mir sehr wichtig. Ohne Freunde ist das Leben wirklich schwierig und traurig.
Mann: Was ist dir denn bei deinen Freunden wichtig?
Frau: Ich mag Menschen, die kreativ sind und Humor haben. Ich finde es wichtig, dass man über sich selbst lachen kann. Und du?
Mann: Für mich ist es wichtig, dass meine Freunde vernünftig sind. Ich möchte ihre Entscheidungen gern verstehen.

4

Frau: Ich habe großen Respekt vor Menschen, die andere unterstützen.
Mann: Meinst du finanziell?
Frau: Ja, auch, aber nicht nur. Menschen, die gern helfen und großzügig sind, gefallen mir.
Mann: Hilfst du denn selbst auch gern?
Frau: Schon, aber ich habe einfach nicht so viel Zeit.

Lektion 2

1

Weitere Meldungen. Hückeswagen. Die Firma Blech feiert heute ihr großes Firmenjubiläum. Vor 50 Jahren gründeten die Brüder Hubert und Bertold Blech ihr Familienunternehmen in Hückeswagen. In den ersten Jahren produzierte man hier Waschmaschinen. Später kamen auch noch kleinere Haushaltsgeräte dazu. Siegfried Blech, der Sohn von Hubert Blech, führt das Unternehmen nun seit drei Jahren. Heute hat die Firma über 80 Angestellte und im Moment sogar acht Auszubildende. „Die Ausbildung der jungen Leute ist uns sehr wichtig. Darum sind bei uns auch Praktikanten immer willkommen", sagte der Chef gestern in einem Interview.

Lektion 3

1

Sarah: Hallo, Katharina!
Katharina: Hi, Sarah!
Sarah: Das ist ja eine schöne Überraschung. Was machst du denn hier?
Katharina: Ich wohne hier – seit drei Monaten. In der nächsten Straße rechts.
Sarah: In der Mozartstraße?
Katharina: Ja, genau!
Sarah: Das ist ja toll. Hast du eine Wohnung gekauft?
Katharina: Nein, ich wohne zur Miete. Aber ich wollte ja immer schon in diesem Viertel wohnen. Mir gefallen die Häuser hier sehr. Und die Innenhöfe sind wirklich schön.
Sarah: Ja, ich liebe dieses Viertel auch! Es hat mir sofort gut gefallen. Ich habe ja ein paar Jahre auf dem Land gewohnt. Aber das war dann doch zu langweilig. Ich habe lange gesucht und dann endlich eine Eigentumswohnung gefunden. Wie groß ist deine Wohnung denn?
Katharina: Ich habe 3 Zimmer und 90 Quadratmeter. Aber ich arbeite auch zu Hause, da brauche ich ein Arbeitszimmer.
Sarah: Meine Wohnung ist ein bisschen kleiner. Ich habe nur zwei Zimmer. Und etwas mehr als 60 Quadratmeter. Aber es ist sehr

Menschen A2, Testtrainer 978-3-19-031902-2 © Hueber Verlag

gemütlich bei mir. Willst du nicht mal zum Essen kommen?

Katharina: Ja, gern. Warte, ich geb dir meine Handynummer …

Lektion 4

1

Sie sind mit dem Anrufbeantworter der Praxis Dr. Kopp verbunden. Wir sind Montag bis Freitag von 8 bis 12 Uhr und Montag, Dienstag und Donnerstag von 15 bis 18 Uhr für Sie da.

2

Friseursalon Haarmonie. Hallo! Wir machen vom 2. bis 16. August Urlaub. Ab dem 17. sind wir gern wieder für Sie und Ihre Haare da.

3

Elektro Stuch. Zurzeit sind alle unsere Mitarbeiter im Kundengespräch. Bitte haben Sie einen Moment Geduld. Wir sind gleich für Sie da.

4

Dies ist der Anrufbeantworter der Praxis Dr. Hoffmann. Wir sind Montag bis Donnerstag von 9 bis 13 Uhr und Montag, Dienstag und Freitag von 14 bis 17 Uhr für Sie da. In dringenden Fällen wenden Sie sich bitte an den ärztlichen Notdienst unter der Nummer 116 117.

5

Firma Blech. Unser Kundenservice ist zurzeit leider nicht erreichbar. Bitte nennen Sie Ihren Namen und Ihre Telefonnummer. Wir rufen Sie umgehend zurück.

Lektion 5

1

Moderator: Guten Morgen, liebe Zuhörerinnen und Zuhörer, und herzlich willkommen zum Morgenmagazin am Sonntag. Das Thema unserer Sendung heute: Roboter! Dazu habe ich zwei Gäste im Studio – Dr. Nina Luge von der Universität Köln und Professor Frank März vom Institut für Zukunftsforschung. Schön, dass Sie da sind.

Nina Luge: Hallo.

Frank März: Guten Morgen!

Moderator: Frau Luge, Roboter gehören in vielen Ländern heute schon zum Alltag. Was glauben Sie: Welche Rolle spielen Roboter in Zukunft in unserem Leben?

Nina Luge: Ich denke, eine große. Roboter übernehmen zum Beispiel Aufgaben im Haushalt. Roboter, die staubsaugen oder im Garten arbeiten, sehen wir ja jetzt schon im Alltag immer häufiger. Roboter können aber noch viel mehr. Sie können zum Beispiel kochen und Pakete liefern.

Moderator: Müssen wir uns Sorgen um unsere Arbeitsplätze machen, Herr März?

Frank März: Na ja. Roboter können schon heute viele Arbeiten übernehmen. Und in Zukunft werden das noch mehr. In zwanzig Jahren werden Roboter fast die Hälfte der heutigen Arbeitsplätze ersetzen.

Moderator: In welchen Berufen sind Roboter denn besonders stark?

Frank März: Roboter werden in Zukunft immer mehr Büroarbeiten übernehmen. Viele Aufgaben von Sekretärinnen können Roboter machen. Aber auch in Supermärkten oder Restaurants werden wir in Zukunft mehr Roboter sehen.

Moderator: Das klingt nach einem großen Problem und macht sicher vielen Menschen Angst. Wie bewerten Sie diese Entwicklung, Frau Luge?

Nina Luge: Ich verstehe die Angst der Menschen. Ich persönlich denke aber, dass Veränderungen immer auch eine Chance sind.

Lektion 6

1

Frau: Hallo, was darf ich Ihnen bringen?

Mann: Ich hätte gern ein Mineralwasser und einen Fitness-Salat, bitte ohne Eier.

Frau: Sehr gern!

Mann: Und … ich bin allergisch gegen Nüsse.

Frau: Das ist kein Problem. Ich sage in der Küche Bescheid und dann bekommen Sie den Salat ohne Eier und ohne Nüsse.

Mann: Das ist nett. Vielen Dank.

Menschen A2, Testtrainer 978-3-19-031902-2 © Hueber Verlag

2

Mann: Hallo, Frau Lohse. Schön, dass Sie da sind. Kommen Sie rein.

Frau: Ja, vielen Dank für Ihre Einladung, Herr Schmidt. Und die sind für Sie!

Mann: Oh! Das ist aber wirklich ein schöner Blumenstrauß. Vielen Dank! Darf ich Ihnen ein Glas Sekt anbieten?

Frau: Oh, nein. Danke. Ich bin ja mit dem Auto hier.

Mann: Einen Saft oder eine Cola?

Frau: Ich trinke am liebsten Wasser, wenn das keine Umstände macht.

Mann: Natürlich nicht. Einen Moment.

3

Mann: Möchten Sie noch etwas essen oder trinken, Frau Berger?

Frau: Nein danke, Herr Schumann. Es war wirklich alles ganz ausgezeichnet!

Mann: Das freut mich.

Frau: Aber jetzt ist es auch schon spät. Ich muss gehen. Ich fahre ja noch ungefähr eine Stunde.

Mann: Oh, ja. Da haben Sie recht. Schön, dass Sie gekommen sind.

Frau: Sehr gern. Ich danke Ihnen für die Einladung. Es war ein schöner Abend.

Mann: Ja, das finde ich auch. Kommen Sie gut nach Hause. Bis Montag.

Lektion 7

1

Moderatorin: Guten Abend, liebe Zuhörerinnen und Zuhörer. Herzlich willkommen zum Magazin am Mittwoch. Thema unserer Sendung heute: „Haustiere – Die besten Freunde für Kinder?" Dazu habe ich zwei Gäste im Studio – Frau Lisa Gierse, die den Ratgeber „Mehr Tiere für unsere Kinder" geschrieben hat.

Frau Gierse: Guten Abend.

Moderatorin: Und Professor Felix Hut, Kinderpsychologe an der Universität Münster.

Herr Hut: Ich grüße Sie!

Moderatorin: Frau Gierse, Sie schreiben in Ihrem Buch, dass Haustiere Kindern bei ihrer Entwicklung helfen können. Haben Kinder, die ohne Haustiere groß werden, denn Nachteile?

Frau Gierse: Nein, so würde ich das nicht sagen. Aber Kinder, die sich um ihre Haustiere kümmern müssen, lernen dabei sehr viel. Sie üben schon früh, Verantwortung zu haben. Das ist wichtig.

Moderatorin: Die meisten Kinder wünschen sich ja irgendwann ein Haustier. Aber oft ist die Begeisterung auch schnell wieder weg. Herr Professor Hut, welche Tiere empfehlen Sie denn für Kinder?

Herr Hut: Unsere Untersuchungen haben gezeigt: Für Kinder ist es sehr wichtig, dass sie die Tiere streicheln können. Fische sind für Eltern vielleicht interessant, Kinder können sich aber eher für Kaninchen oder Hamster begeistern.

Moderatorin: Da Kinder das Interesse auch schnell verlieren können: Sollte man da nicht ein Tier wählen, das nicht so lange lebt?

Herr Hut: Na, ja. Das kann man vielleicht überlegen, aber wichtiger ist, dass die ganze Familie Spaß an dem Tier hat.

Lektion 8

1

Mann: Und was sind Ihre Stärken, Frau Roggendorf?

Frau: Ja, meine Stärken ... Ich kann sehr gut organisieren, auch wenn ich Stress habe. Ich mache gute Pläne, die funktionieren. Denn meistens denke ich an alles! Mein Schreibtisch sieht zwar nicht so ordentlich aus, aber ich habe trotzdem alles im Blick. Ich vergesse zum Beispiel nie Termine. Ich weiß eben, dass es wichtig ist, zuverlässig zu sein. Und das bin ich.

Mann: Ah, ja. Und Ihre Schwächen?

Frau: Na ja. Also, ich brauche vielleicht für alles etwas mehr Zeit als andere. Aber dafür habe ich in meinem Bereich dann auch alles unter Kontrolle.

2

Frau: Herr Schuster, warum sind Sie überzeugt davon, dass Sie der Richtige für den Job sind?

Menschen A2, Testtrainer 978-3-19-031902-2 © Hueber Verlag

Mann: Oh, ich habe viel Erfahrung in Pflegeberufen. Ich arbeite ja schon seit vielen Jahren in verschiedenen Krankenhäusern. Außerdem bin ich zeitlich sehr flexibel, weil ich alleine lebe und keine Familie habe. Wenn ich am Wochenende arbeiten muss, ist das kein Problem. Ich habe zwar noch nie ein Team geleitet, aber ich lerne schnell. Und – da können Sie alle meine Kollegen fragen – ich kann sehr gut im Team arbeiten. Ich denke, das ist gerade im Krankenhaus sehr wichtig.

Lektion 9

1

Peter: Oh, ich wusste gar nicht, dass du rauchst, Susanne.
Susanne: Na ja, ich rauche auch nur sehr wenig. Nur manchmal auf Partys, so wie hier. Aber sag mal, Peter, hast du nicht vor ein paar Monaten aufgehört zu rauchen?
Peter: Ich habe es versucht, aber leider …
Susanne: Warum wolltest du denn aufhören?
Peter: Na ja, es weiß ja jeder, dass Rauchen nicht gesund ist. Außerdem wird es im Büro auch immer schwieriger. Früher haben da noch mehr Kollegen geraucht. Da gab es immer eine Raucherpause auf dem Balkon. Das war lustig und auch gut für's Team. Wir haben in diesen Pausen viel geredet – auch über die Arbeit. Heute stehe ich da fast allein.
Susanne: Und dann hast du ein schlechtes Gefühl …
Peter: Ja, das ist komisch. Ich will ja auch nicht mehr Pausen machen als die anderen.
Susanne: Bei uns in der Firma durfte man vor ein paar Jahren noch im Büro rauchen …
Peter: Sehr seltsam. Das war früher normal. Heute kann ich mir das nicht mehr vorstellen.
Susanne: Ich auch nicht. Die Kleidung und die Haare haben jeden Abend nach Zigaretten gerochen.
Peter: Obwohl ich ja selbst Raucher bin, finde ich das heute sehr unangenehm.
Susanne: Rauchst du denn viel?
Peter: Wenn ich Stress habe, schon, ja. Vielleicht eine Schachtel pro Tag.
Susanne: Oh. Das ist wirklich viel.
Peter: Ja, und teuer ist es auch.

Lektion 10

1

Hallo, Tine. Hier ist André. Ich habe meinen Schlüssel verloren. Vielleicht hat ihn auch jemand gestohlen. Aber wer? Ich habe keine Ahnung. Als ich ins Büro gegangen bin, hatte ich ihn noch. Aber als ich nach Hause gekommen bin, war er nicht mehr in meiner Tasche. Jetzt stehe ich vor der Tür und überlege, was ich machen soll.

2

Hallo, hier ist Tine. Warum gehst du denn jetzt nicht ran? Du, André, ich habe noch einen Schlüssel für deine Wohnung. Ich kann ihn gleich vorbeibringen. Vielleicht steckt dein Schlüssel ja auch noch innen in der Tür. Das ist mir im letzten Jahr passiert. Bis gleich!

3

Hi, hier ist Mark. Du, André, ich bin ja gestern mit deinem Auto zu meinen Eltern gefahren. Und ich glaube, ich war ein bisschen zu schnell unterwegs. Ich wurde geblitzt. Tut mir leid. Ich bezahle das natürlich. Ich hoffe, das ist dann okay.

4

Hi, Mark. Hier ist André. Klar, mach dir keine Sorgen. Früher habe ich gedacht, dass mir das nie passieren kann. Geblitzt werden nur andere. Ich fahre ja immer ganz vorsichtig. Na, und dann ist es letzte Woche doch passiert. Also, alles gut!

5

Hi, Franzi. Ich bin's, Tine. So ein Mist. Stell dir vor, was passiert ist. Ninas Waschmaschine ist kaputt. Sie hat gefragt, ob ich ihre Wäsche mitwaschen kann. Klar, habe ich gesagt … Und jetzt habe ich ihren Lieblingspullover zu heiß gewaschen. Was mache ich denn jetzt?

Lektion 11

1

Anja: Sag mal, Bernd, was bedeutet Glück für dich?
Bernd: Warum fragst du das, Anja?

Anja: Gestern lief eine Sendung zu dem Thema im Fernsehen. Und ich habe gedacht, Glück ist doch einfach, wenn alles gut läuft. Der normale Alltag ohne Krankheit. Aber viele Menschen erwarten da wohl mehr als ich. Darum wollte ich mal fragen, wie du das siehst.

Bernd: Das größte Glück ist für mich, wenn ich meine Kinder lachen höre. Aber es gehört auch dazu, dass ich genug Geld verdiene und mir keine Sorgen um die Zukunft machen muss. Und was meinst du, Beate?

Beate: Ich frage mich, warum wir uns so viele Sorgen machen. Ich habe von einer Umfrage gelesen. Ganz viele Menschen machen sich Sorgen, obwohl sie gesund sind, eine feste Stelle haben und in Sicherheit leben.

Anja: Machst du dir keine Sorgen? Man denkt doch einfach schon mal daran, was alles passieren kann.

Beate: Ja, klar. Aber das hilft natürlich nicht.

Anja: Und du, Beate, wann bist du glücklich?

Beate: Wenn ich Zeit habe. Oder besser: Wenn ich mir die Zeit nehme, die ich brauche.

Anja: Und Liebe spielt für dich keine Rolle?

Beate: Doch, natürlich. Aber ich kann auch allein glücklich sein.

Bernd: Oh, das fällt mir sehr schwer. Ich fühle mich immer viel wohler, wenn ich mit Menschen zusammen bin.

Anja: Und darum hast du uns wohl heute eingeladen und für uns gekocht?

Lektion 12

1

Mann: Gehst du heute Nachmittag zur Betriebsversammlung?

Frau: Ja, ich glaube schon. Obwohl ich diese Versammlungen ja nicht ganz so wichtig finde.

Mann: Na ja. Ich finde, es kommt darauf an, welches Thema besprochen wird. Es kann schon total wichtig sein.

Frau: Kommst du denn?

Mann: Ich kann es noch nicht genau sagen. Aber ich versuche es.

2

Frau: Kommst du morgen auch zum Ausstand von Erika Meier?

Mann: Erika Meier feiert ihren Ausstand? Das wusste ich ja gar nicht.

Frau: Die Einladung kam vor einer Woche per Mail.

Mann: Oh, vielleicht habe ich das nicht gelesen.

Frau: Du bist sicher herzlich willkommen. Die ganze Abteilung ist eingeladen.

3

Mann: Und, was würdest du gern beim Sommerfest machen?

Frau: Muss man denn immer etwas Besonderes machen? Ich finde es einfach schön, wenn man mit den Kollegen zusammen ist und Zeit hat zu reden.

Mann: Darum bleibst du auch jedes Mal besonders lang.

Frau: Ja, ich finde solche Betriebsfeste wichtig. Wir arbeiten den ganzen Tag zusammen, aber kennen uns gar nicht richtig. So ein Fest ist die beste Möglichkeit, sich ein bisschen besser kennenzulernen. Kommst du denn dieses Mal? Letztes Jahr konntest du nicht, oder?

Mann: Ja, stimmt. Aber in diesem Jahr bin ich endlich auch dabei. Dann kann ich dich ein bisschen besser kennenlernen …

Lektion 13

1

Mann: Mir ist letzte Woche vielleicht etwas Lustiges passiert. Ich komme ja aus Hamburg und war in Bayern. In Rosenheim war ich auf dem Markt und wollte Blumen kaufen. Irgendwie war das aber schwierig. Die Marktfrau hat mich nicht verstanden und ich habe sie nicht verstanden. Dabei sprechen wir doch eigentlich die gleiche Sprache, oder?

Frau: Na ja. Die Bayern sprechen halt schon anders als du …

2

Ich stehe gestern in der Küche, als mein Mann aus dem Keller kommt und leise sagt: „Ich habe den Nagel getroffen." Ich antworte ihm: „Das

Menschen A2, Testtrainer 978-3-19-031902-2 © Hueber Verlag

ist doch toll. Dann hängt das Bild ja jetzt hoffentlich." Dann zeigt er mir seine linke Hand – und ich weiß, dass wir uns missverstanden haben. Zum Glück kann er den Finger noch bewegen.

3

Ich war letzte Woche bei einer Bekannten in der Schweiz. Das war auch lustig. Die Schweizer sagen ja CD. Das habe ich am Anfang überhaupt nicht verstanden. Ich habe das Wort nicht erkannt. Ich dachte, das ist ein Wort, das ich nicht kenne. Irgendwann war mir dann klar: „Ach so, du meinst CD! Sag das doch gleich." Und da haben wir ziemlich gelacht.

4

Als ich nach Deutschland gekommen bin, hatte ich noch große Probleme mit dem L und dem R. Einmal war ich mit Freunden aus Japan in einer Kneipe und habe „viel Cola" bestellt. Die Kellnerin hat mich erstaunt angeschaut und gefragt: „Wie viele hätten Sie denn gern?" „Viel", habe ich geantwortet und vier Finger hochgehalten. Dann hat sie gelacht und gesagt: „Alles klar!"

5

Ich war einmal in England und bin leider krank geworden. Ich brauchte ein bestimmtes Medikament und wusste nicht, ob ich es in der Apotheke bekommen kann. In Deutschland braucht man für dieses Medikament ein Rezept vom Arzt. Also habe ich den Apotheker gefragt: „Do I need a recipe?" Er hat mich komisch angeschaut und gefragt, was ich denn kochen will. Erst zu Hause hat mir eine Freundin erklärt, dass das deutsche Wort „Rezept" im Englischen zwei Übersetzungen hat.

Lektion 14

1

Max: Hallo, Fabian!
Fabian: Hi, Max! Wir haben uns ja lange nicht gesehen! Wie geht es dir?
Max: Danke, gut. Dir auch?
Fabian: Ja, alles bestens. Ich komme gerade aus einem spannenden Kurs. Weißt du, ich wollte

mal etwas Neues machen und neue Leute kennenlernen. Jetzt mache ich jeden Mittwochabend einen Fotokurs an der Volkshochschule.
Max: Oh, das klingt gut.
Fabian: Ja, ich lerne die entscheidenden Grundlagen des Fotografierens. Wir bearbeiten die Fotos danach auch am Computer. Es ist echt interessant, was man da alles machen kann. Wir lernen verschiedene Programme kennen, die man auch kostenlos im Internet herunterladen kann. Dann muss man sich keine teure Software kaufen.
Max: Super. Ich suche auch nach einem Kurs. Ich hätte nämlich gern eine eigene Homepage. Aber ich weiß nicht so richtig, wie man das macht, und habe auch keine Lust, viel Geld dafür zu bezahlen. Ich habe gesehen, dass die Volkshochschule auch passende Kurse in diesem Bereich anbietet.
Fabian: Ja, die haben ein überzeugendes Angebot für Multimedia und Fotografie. Und die Kursleiter, die ich bislang kennengelernt habe, sind alle sehr gut. Die kann ich wirklich empfehlen. Die nächsten Kurse gehen nach den Sommerferien los. Aber es gibt auch ausgewählte Workshops, die in den Sommermonaten stattfinden.
Max: Oh, danke für den Tipp. Hast du noch Zeit für ein Getränk?
Fabian: Ja, gern!

Lektion 15

1

Hallo, Jasmin. Hier ist Daniel. Ich habe gerade eine Stellenanzeige in der Zeitung gesehen, die für dich interessant sein könnte. Ein Callcenter sucht für die telefonische Kundenberatung eines Computershops eine türkischsprachige Mitarbeiterin. Das wäre doch vielleicht was für dich, oder? Ich bin jetzt in einem Termin und melde mich später noch mal. Tschüs.

2

Du, Jasmin, ich bin's noch mal. Ich habe noch eine passende Stellenanzeige gefunden: Der Job ist zwar nur für drei Monate, aber besser als nichts, oder? Ein international ausgerichtetes

Menschen A2, Testtrainer 978-3-19-031902-2 © Hueber Verlag

Unternehmen sucht für ein deutsch-türkisches Projekt eine erfahrene Übersetzerin. Ich schick dir gleich mal den Link. Bis dann.

3

Hi, Daniel. Danke für deine Nachrichten. Schön, dass du an mich denkst. Ich habe morgen ein Bewerbungsgespräch in einem Reisebüro, die eine Mitarbeiterin für die Regionen Türkei und Griechenland suchen. Mein Problem ist, dass sie jemanden suchen, der schon Erfahrung in diesem Bereich hat. Aber ich habe ja noch nie in einem Reisebüro gearbeitet. Was soll ich denn da sagen? Ich würde gern mit dir darüber sprechen. Bis später.

4

Ach, wir erreichen uns heute aber überhaupt nicht persönlich. Schade. Ich bin ab 20 Uhr zu Hause. Da kannst du gern noch mal anrufen. Ich denke aber, dass du dir nicht zu viele Sorgen machen musst. Das Reisebüro wusste ja aus deinen Bewerbungsunterlagen, dass du noch nicht in einem Reisebüro gearbeitet hast. Und sie haben dich trotzdem eingeladen. Das ist ein gutes Zeichen. Du kannst ja auch sagen, dass du gern etwas Neues lernst und schon viele Erfahrungen in ganz unterschiedlichen Bereichen gemacht hast. Wichtig ist natürlich auch, dass du genau erklären kannst, warum dich die Arbeit im Reisebüro interessiert. Aber das schaffst du! Liebe Grüße und bis später vielleicht!

Lektion 16

1

Moderator: Guten Morgen, meine Damen und Herren, liebe Zuhörerinnen und Zuhörer. Herzlich willkommen zu unserer Sendung „Talk vor zehn". Das Thema unserer Sendung lautet: „War früher alles besser?"
Ich habe heute Morgen einen Gast im Studio, der von seiner Jugend erzählt, die wirklich schon eine ganze Zeit zurückliegt. Frau Angelika Kuhn ist 85 Jahre alt. Obwohl sie als Kind den Krieg erlebt hat, sagt sie, dass sie nicht mit ihren Enkeln tauschen möchte. Guten Morgen, Frau Kuhn!

Frau Kuhn: Guten Morgen!
Moderator: Oft hört man von älteren Menschen, dass früher alles besser war. Sie sind da anderer Meinung. Wenn Sie Ihre Kindheit mit der Ihrer Kinder und Enkel vergleichen, was fällt Ihnen dann spontan ein?
Frau Kuhn: Es ist schwierig, die unterschiedlichen Zeiten miteinander zu vergleichen. Ich glaube, wir mussten als Kinder und Jugendliche mehr arbeiten. Meine Geschwister und ich mussten unseren Eltern auf dem Bauernhof helfen. Jeder hatte bestimmte Aufgaben zu erledigen. Meine Enkel müssen ihren Eltern nicht helfen, aber sie haben trotzdem einen sehr vollen Terminkalender.
Moderator: Ja. Es kommt mir auch so vor, als hätten die Kinder und Jugendlichen heute weniger Arbeit, aber mehr Stress.
Frau Kuhn: Auf jeden Fall! Meinen Eltern war die Schule nicht so wichtig. Sie haben meine Leistungen nicht kontrolliert. Heute achten viele Eltern sehr genau darauf, was in der Schule passiert. Die Kinder sollen die besten Chancen für die Zukunft haben. Das ist schön, kann aber auch Stress machen.
Moderator: Ja, und das Freizeitprogramm ist natürlich auch ein ganz anderes. Heute machen viele Kinder Sport und Musik.
Frau Kuhn: Ja, sie haben kaum Zeit für sich – zum Spielen. Wir hatten früher mehr Zeit.
Moderator: Und weniger Möglichkeiten?
Frau Kuhn: Ja, natürlich. Die Angebote spielen auch eine große Rolle. Wir haben auf dem Land gewohnt. Und wir hatten nur ganz wenig Geld. Es gab kein Kino, keinen Fernseher, kein Internet.
Moderator: Und es kam nicht alle zwei Minuten eine Nachricht über WhatsApp.
Frau Kuhn: Nein, zum Glück nicht. Ich sage nicht, dass meine Kindheit einfach war. Aber wir hatten mehr Ruhe. Das wünsche ich meinen Enkeln auch.

Menschen A2, Testtrainer 978-3-19-031902-2 © Hueber Verlag

Menschen A2, Testtrainer 978-3-19-031902-2 © Hueber Verlag

Lektion 17

1

Und hier sehen Sie ein Bild des jungen Malers Niels Farbenknecht. Farbenknecht wurde 1975 in Leipzig geboren. Er studierte an den Kunsthochschulen in Karlsruhe und Düsseldorf. Seit einigen Jahren arbeitet er als freier Künstler in Berlin. Er gehört dort zur Gruppe der *Jungen Blicke*, eine Gruppe aus Künstlern und Fotografen. Farbenknecht hat 2015 für seine Bilderreihe „Heute oder morgen", die zwischen 2008 und 2010 entstanden ist, den Kunstpreis der Stadt Rübenau gewonnen. Das Bild, das Sie hier vor sich sehen, stammt aus einer anderen Zeit. Es ist bereits im Jahr 2005 entstanden und trägt den Titel „Wald 2005". Farbenknecht benutzt hier noch sehr intensive Farben und einen dicken Pinsel. Beides findet man auf seinen späteren Bildern nicht mehr. Das Motiv bleibt jedoch typisch für Farbenknecht: Tiere und Pflanzen begeistern den Künstler immer noch.

Lektion 18

1

Martin: Aber sag doch mal ehrlich, Anne: Engagierst du dich denn politisch? Hast du Ziele, die dir wichtig sind und für die du auf die Straße gehst?

Anne: Na ja. Ich weiß nicht. Muss man immer gleich demonstrieren? Ich versuche, mich in meinem Alltag richtig zu verhalten. Ich bin nett zu Tieren, esse wenig Fleisch. Ich versuche, Dinge zu reparieren, statt sofort neue zu kaufen. Ich sorge dafür, dass mein Mann und ich gleichberechtigt sind.

Paula: Wolltest du dich niemals in einer Partei engagieren?

Anne: Nein. Ich habe keine Lust auf Gruppen. Das wird dann schnell kompliziert oder ein Wettkampf. Wann wart ihr denn auf eurer letzten Demonstration? Na, Martin?

Martin: Ähm, also … Ich glaube, Paula und ich haben vor ein paar Jahren gegen Atomenergie demonstriert. Stimmt's?

Paula: Ja, das haben wir. Und ich war auch schon mal auf einer Demo gegen Rechtsradikale. Ich überlege, ob ich nicht in einer Partei mitmachen will. Ich habe Lust, etwas zu verändern.

Anne: Brauchst du dafür eine Partei?

Paula: Ich glaube, die Arbeit dort würde mir Spaß machen.

Anne: Und du, Martin? Hast du auch Lust dazu?

Martin: Ach, weißt du, wenn Paula sich schon engagiert, dann brauche ich das ja vielleicht nicht mehr zu tun.

Paula: Wie bitte? Was soll das denn heißen?

Lektion 19

1

Katrin: Katrin Schäfer.

Franzi: Hallo, Katrin. Hier ist Franzi.

Katrin: Hallo! Schön, dass du anrufst. Wie geht es dir?

Franzi: Danke. Sehr gut. Wir planen gerade unseren Urlaub.

Katrin: Das klingt super.

Franzi: Ja. Deshalb rufe ich auch an. Ihr wart doch letztes Jahr in der Lüneburger Heide, oder?

Katrin: Ja, wir waren im August eine Woche da, als die Heide geblüht hat. Das war wunderschön.

Franzi: Ah, gut. Dann habe ich mich ja richtig erinnert. Das kannst du also empfehlen, oder?

Katrin: Ja, total. Für eine Woche ist es genau richtig. Wir sind gewandert und mit dem Rad gefahren und haben Vögel beobachtet. Wenn du dich in der Natur erholen willst, ist ein Urlaub in der Lüneburger Heide perfekt.

Franzi: Weißt du noch, wo ihr damals übernachtet habt?

Katrin: Ja, das weiß ich noch genau. Wir hatten eine kleine Ferienwohnung in Undeloh – mitten im Naturschutzgebiet. Da konnten wir selbst kochen, aber in der Nähe gab es auch ein nettes kleines Restaurant. Da waren wir oft, weil wir zu faul zum Einkaufen und Kochen waren. Die Ferienwohnung ist sehr hübsch eingerichtet. Alles hell und sauber.

Franzi: Gibt es denn auch eine Badewanne?

Katrin: Nein, aber es gibt eine schöne Dusche.

Franzi: Wie hast du die Ferienwohnung gefunden?

Katrin: Ich glaube, im Internet auf der Webseite www.lueneburger-heide.de.
Guckt mal da unter Ferienwohnung „Monika" in Undeloh. Dann findest du die bestimmt. Man kann auch sofort online buchen. Das ist wirklich praktisch.

Franzi: Darf ich fragen, was ihr bezahlt habt?

Katrin: Oh, das waren, glaube ich, 50 Euro pro Nacht, wenn man mehr als zwei Nächte bleibt. Man konnte dort auch Fahrräder benutzen. Das fand ich toll! In der Nähe gibt es ein Schwimmbad. Und die Vermieterin ist auch wirklich sympathisch und hat viele gute Tipps, was man unternehmen kann. Also, das kann ich wirklich empfehlen!

Franzi: Schön. Ich glaube, ich schau sofort im Internet. Hoffentlich ist die Wohnung noch frei.

Katrin: Wann wollt ihr denn hin?

Franzi: Anfang September. Ich habe noch ein paar Tage Urlaub und Paul muss auch mal raus. Aber sag mal, wie geht es dir denn eigentlich?

Katrin: Gut. Hier ist alles in Ordnung. Sollen wir uns mal wieder auf einen Kaffee treffen?

Franzi: Ja, gern.

Lektion 20

1

Moderator: Willkommen zurück zu unserer Sendung „Ruf der Berge". Unser Thema sind heute die Mountainbiker, die ja oft von Umweltschützern und Wanderern kritisiert werden. Am Telefon ist jetzt Timo Heise, der im Sommer mit seinem Mountainbike die Schweizer Alpen überquert hat. Guten Abend, Herr Heise.

Herr Heise: Guten Abend!

Moderator: Hören Sie als Mountainbiker viele kritische Stimmen?

Herr Heise: Ja, vor meiner Tour durch die Alpen haben mich schon einige Menschen gefragt, ob das Mountainbiken nicht die Landschaft zerstöre ... Ich denke aber, dass wir Mountainbiker eine viel kleinere Gefahr für die Umwelt sind als die Skifahrer. Die meisten Mountainbiker, die ich kenne, sind sehr umweltbewusst. Sie lieben die Natur und die Berge, Pflanzen und Tiere.

Moderator: Sie haben gesagt, dass die Skifahrer ein größeres Risiko für die Bergwelt sind. Das liegt natürlich auch daran, dass es deutlich mehr Skifahrer als Mountainbiker gibt ...

Herr Heise: Ja, das stimmt schon. Aber ich möchte hier nicht die Skifahrer kritisieren. Ich denke, die Berge sind für alle da. Wenn jeder sich an bestimmte Regeln hält, ist alles gut.

Moderator: Welche Regeln sind für Mountainbiker wichtig?

Herr Heise: Sie sollten natürlich nur auf gekennzeichneten Wegen fahren und diese Wege schonend befahren. Wer oft stark bremst, macht die Wege kaputt. Und sie sollten auf Wanderer und Tiere Rücksicht nehmen. Es ist klar, dass man nur so schnell fährt, dass man gut bremsen kann. Selbstverständlich ist auch, dass sie keinen Müll in den Bergen hinterlassen.

Moderator: Danke, Herr Heise. Wir sprechen nach den Nachrichten noch ein bisschen über Ihre Tour über die Alpen, auf der Sie ja so einige Abenteuer erlebt haben. Bleiben Sie also dran, liebe Zuhörer.

Lektion 21

1

Frau Brück: Stadt Bonn, Touristeninformation. Mein Name ist Beate Brück. Was kann ich für Sie tun?

Herr Thiele: Hallo, hier spricht Werner Thiele. Ich plane für meine Kollegen einen Tagesausflug nach Bonn und wollte mich über einige kulturelle Angebote in der Stadt informieren.

Frau Brück: Gern. Wann sind Sie denn in der Stadt?

Herr Thiele: Das steht noch nicht genau fest und wir sind auch recht flexibel. Wissen Sie, wir sind eine kleine Gruppe von acht Leuten – fast wie eine Familie. Wir wollen den Ausflug im April oder Mai machen.

Menschen A2, Testtrainer 978-3-19-031902-2 © Hueber Verlag

Frau Brück: Oh, gut. Wenn Sie Ende April kommen, sind Sie genau richtig zum Kirschblütenfest, das in der Bonner Altstadt gefeiert wird.

Herr Thiele: Das klingt nett, aber ... Wissen Sie, viele meiner Kollegen hören gern Musik ...

Frau Brück: Jedes Jahr Ende April, Anfang Mai ist in Bonn ein Jazz-Festival mit zahlreichen Konzerten. Dazu werden berühmte internationale und nationale Künstler eingeladen. Vielleicht wäre das etwas für Sie ...

Herr Thiele: Jazz? Ich weiß nicht. Gibt es denn auch klassische Konzerte? Schließlich ist Bonn ja der Geburtsort von Beethoven.

Frau Brück: Ja, natürlich. In Bonn können Sie jede Menge Klassik genießen. Es gibt zahlreiche Veranstaltungsreihen. Eine davon heißt Beethoven@home. Da präsentieren sich Bonner Musiker. Sie hören da vielleicht keine Superstars, aber bekommen einen guten Einblick in die lebendige Musikszene der Stadt.

Herr Thiele: Aha ...

Frau Brück: Am besten ist. Sie legen zunächst einmal einen Termin für Ihren Ausflug fest. Und dann kann ich Sie gern genauer beraten und ein Programm für Sie zusammenstellen. Ende April, Anfang Mai haben Sie auf jeden Fall eine gute Auswahl an Veranstaltungen.

Herr Thiele: Prima. Das klingt gut. Dann melde ich mich einfach noch einmal.

Lektion 22

1

Hier kommen die Meldungen aus der Region. Im Erzählcafé „Zeitlos", das zweimal im Monat montags in der Bücherei am Helmholtz-Platz stattfindet, wird Geschichte lebendig. Pro Abend gibt es ein geschichtliches Ereignis, zu dem Gäste ihre ganz persönlichen Erlebnisse erzählen. Für die nächsten Abende stehen der Mauerbau und die Wiedervereinigung auf dem Programm. Darüber hinaus veranstaltet das Erzählcafé auch Besuche in Schulen. Geschichtslehrerinnen und -lehrer aus der Region können sich per E-Mail oder telefonisch melden, um für ihren Unterricht Zeitzeugen einzuladen. Die Zeitzeugen erzählen, wie sie eine bestimmte Zeit erlebt haben – zum Beispiel den Zweiten

Weltkrieg, die Teilung Deutschlands oder den Alltag in der DDR. Sie können den Schülerinnen und Schülern konkrete Fragen beantworten – und machen den Geschichtsunterricht so besonders spannend. Ansprechpartner finden Sie im Internet unter www.erzaehlcafefreiburg.de.

Lektion 23

1

Moderatorin: Willkommen zum Report am Mittag. Am Mikrofon ist für Sie heute Kerstin Schatz und das Thema unserer Sendung lautet „Energie sparen". Wir möchten von Ihnen wissen, was Sie im Alltag konkret für die Umwelt tun. Rufen Sie uns an. Und hier ist auch schon unser erster Anrufer. Karl Simon aus Stuttgart ist am Telefon. Herr Simon, was tun Sie für die Umwelt?

Herr Simon: Oh, ich denke, ein ganze Menge. Ich habe zum Beispiel seit zwei Jahren kein eigenes Auto mehr. Ich versuche, möglichst viele Wege mit dem Fahrrad zu machen. Und nur, wenn es gar nicht anders geht, leihe ich mir ein Auto beim Carsharing, wo ich seit einem halben Jahr Mitglied bin. Das ist wirklich eine tolle Erfindung. So tue ich etwas für den Umweltschutz und spare auch noch Geld. Das kann ich wirklich jedem empfehlen.

Moderatorin: Vielen Dank, Herr Simon. Jetzt spreche ich mit Natascha Klein aus Sindelfingen. Frau Klein, was ist Ihr täglicher Beitrag zum Umwelt- und Klimaschutz?

Frau Klein: Ich kann in meinem Alltag leider nicht ohne ein eigenes Auto leben. Ich wohne auf dem Land und arbeite in der Stadt. Es gibt nur einen Bus, der auch nur sechsmal am Tag fährt.

Aber ich versuche, im Büro und in meinem Haushalt Energie zu sparen. Ich nutze zum Beispiel nie die Stand-by-Funktion an elektrischen Geräten. Außerdem habe ich auf meinem Dach Kollektoren für Sonnenenergie. So mache ich den Strom für das warme Wasser selbst – na ja, zumindest von Frühling bis Herbst.

Moderatorin: Danke, Frau Klein! Am Telefon ist nun Nikolas Stuhlmann. Er ruft aus Böblin-

Menschen A2, Testtrainer 978-3-19-031902-2 © Hueber Verlag

gen an. Hallo, Herr Stuhlmann! Wie sieht es bei Ihnen mit dem Umweltschutz aus?

Herr Stuhlmann: Ja, hallo! Ich werde ehrlich gesagt immer etwas ärgerlich, wenn es um das Thema Umwelt geht. Ich denke nicht, dass wir Privatleute viel für die Umwelt tun können. Es sind doch die großen Unternehmen, die etwas machen müssen. Ich fliege vielleicht ein- oder zweimal im Jahr in den Urlaub. Darauf soll ich für die Umwelt verzichten, wenn die Manager das ganze Jahr um die Welt fliegen? Das ist doch total unfair!

Moderatorin: Vielen Dank, Herr Stuhlmann. Nun habe ich eine Hörerin aus Marbach am Apparat. Heike Schönhausen liegt das Thema Umwelt ganz besonders am Herzen.

Frau Schönhausen: Ja, im Gegensatz zu Herrn Stuhlmann denke ich, dass wir nur etwas verändern können, wenn alle etwas tun. Jeder Einzelne ist wichtig. Ich versuche, möglichst wenig Strom zu verbrauchen, und nutze Ökostrom. Mit dem Auto fahre ich nur ganz selten. Ich nehme die öffentlichen Verkehrsmittel. Ich habe seit Jahren keine Fernreise mehr gemacht. Aber das fällt mir tatsächlich schwer. Ich denke, irgendwann möchte ich wieder fliegen.

Moderatorin: Vielen Dank für Ihre Meinung.

Lektion 24

1

Meine Damen und Herren! Ich freue mich sehr, Sie heute hier zum meinem Vortrag mit dem Titel „Wie sieht die Stadt der Zukunft aus?" begrüßen zu dürfen. Ich möchte Ihnen kurz einige Trends vorstellen und Ihnen zeigen, dass die Stadt der Zukunft auch immer mehr mit dem heutigen Landleben zu tun hat. Eins steht fest: Das Leben in der Stadt wird sich in Zukunft weiter verändern. Heute sehen wir schon den Trend zum Carsharing. Hinzukommen wird der Trend der Automatisierung. In ein paar Jahren werden wir in den Städten auf jeden Fall schon Autos ohne Fahrer haben. Dass ein Auto dann allein einen Parkplatz sucht, wird selbstverständlich sein. Ein weiterer Trend könnte die Rückkehr der Fabriken in die Stadtgebiete sein. Früher mussten die Fabriken raus aus den Städten, weil sie laut waren und die Umwelt belastet haben. Heute schaden nur noch die wenigsten Fabriken der Umwelt – und es wird immer wichtiger, dass die Angestellten einen möglichst kurzen Weg zur Arbeit haben. Zukunftsforscher halten es außerdem für wahrscheinlich, dass die Menschen, die in den Städten leben, in Zukunft mehr Lebensmittel selbst produzieren. Es gibt bereits einige Firmen, die untersuchen, wie man Gemüse und Kräuter auf kleinem Raum pflanzen kann – ohne Erde, nur mit Licht, Luft und Wasser. Alle Zukunftsforscher sind sich einig, dass die Stadt der Zukunft ohne intelligente Informations- und Kommunikationstechnologien nicht denkbar ist. Überall wird es schnelles Internet geben. Tatsächlich ist die Frage, ob es trotz des Online-Shoppings noch Geschäfte geben wird, noch offen.

Menschen A2, Testtrainer 978-3-19-031902-2 © Hueber Verlag